云间烟火

美得窒息的唐诗

许渊冲 译
陆苏 解析

汉英对照

长江出版传媒
长江文艺出版社

目录

Contents

一 …… 人生如梦

二 …… 一别如雨

三 …… 停云落月

五 …… 星离雨散

四 …… 魂牵梦萦

六 …… 金戈铁马

第一章

人生如梦

CHAPTER ONE

Life is but like a dream

鹿柴zhài

王维

空山不见人，但闻人语响。
返景入深林，复照青苔上。

The Deer Enclosure

Wang Wei

In pathless hills no man's in sight,
But I still hear echoing sound.
In gloomy forest peeps no light,
But sunbeams slant on mossy ground.

开门，见山。真好，拥有一座山。山里的清幽空旷，山里的树木飞鸟，都是我的。空空的山林很容易就藏起了人，但藏不住人说话的声音，忽近如耳语，忽遥如丝竹隐约。

夕阳的针线穿过树枝和层层叠叠的树叶，将黄昏和斑驳的树荫、墨绿的青苔一起亮亮地缝紧。

唐玄宗天宝年间，王维在终南山下购置辋川别业，鹿柴是王维在辋川别业的胜景之一。这首诗描绘的是鹿柴附近的空山深林，在傍晚时分的幽静景色。全诗语言清新自然，把禅意渗透于对自然景色的生动描绘之中，创造了一个空寂幽深的境界。

王维（699—761 年，一说 701—761 年），唐朝著名诗人、画家，字摩诘，号摩诘居士，世称“王右丞”，有“诗佛”之称。蒲州（今山西永济市）人，祖籍山西祁县。精通佛学，精通诗、书、画、音乐等，与孟浩然合称“王孟”。苏轼评价其：“味摩诘之诗，诗中有画；观摩诘之画，画中有诗。”

终南望余雪

祖咏

终南阴岭秀，积雪浮云端。
林表明霁色，城中增暮寒。

Snow atop the Southern Mountains

Zu Yong

How fair the gloomy mountainside!
Snow-crowned peaks float above the cloud.
The forest's bright in sunset dyed,
With evening cold the town's overflowed.

雪后初晴，在长安城遥望，终南山北坡峰峦峻秀，云过山腰，山顶未及融化的雪，静静地浮在云上。

夕染林梢，苍茫山色笼上了一抹暖暖的微光，雪映暮色，城里的傍晚又得多添一件衣裳。

据《唐诗纪事》卷二十记载，此诗是祖咏在长安应试时所作，按规定，该作一首六韵十二句的五言律诗，但他写了这四句感觉很完整，就搁笔了。考官让他重写，他还是坚持自己的看法，惜字如金。结果惹恼了考官，最后他未被录取。

祖咏（699—746年），唐代诗人，洛阳（今河南洛阳市）人。开元十二年（724年）进士，有诗名，与王维交谊甚深，有诗唱和。他一生困顿失意，仕途坎坷，生计维艰，其诗多写田园、隐居，风格接近王、孟诗派，个别诗篇也写得情调昂扬，气势豪放。《全唐诗》录存其诗一卷。

江南行

张潮

茨菰叶烂别西湾，莲子花开犹未还。
妾梦不离江水上，人传郎在凤凰山。

Song of the Southern Rivershore

Zhang Chao

When leaves fell in decay, you left the western bay,
But you have not come back now lotus blossoms sway.
My dream oft lingers on the stream or by the fountain,
But you are said to be far away in the mountain.

记得去年秋天茨菰叶凋零时，我们在西湾依依惜别。如今莲花都已盛开，却还不见你回来。

你一去就杳无音信。总以为你在江上漂泊，我做梦都是在水上找你。却突然听人说在凤凰山见过你，也许终究是空付了相思意……

唐代诗人张潮约作于大历（唐代宗年号，766—779 年）年间。表达了一位商人妇对久别不归的丈夫的思念之情，以及梦境与现实的巨大落差。全诗语言朴素自然，笔触细腻，语浅而情深，结尾更是意味深长。从内容到形式，深受当地民歌影响。

张潮（872—945 年），唐代诗人。曲阿（今江苏丹阳市）人，主要活动于唐肃宗李亨、唐代宗李豫时代。《全唐诗》存其诗五首，除了《采莲词》是描述采莲女的生活，另三首和《江南行》一样都是写商人妇的思想感情。

江南曲

李益

嫁得瞿（qú）塘贾，朝朝误妾期。
早知潮有信，嫁与弄潮儿。

A Southern Song

Li Yi

Since I became a merchant's wife,
I've in his absence passed my life.
A sailor comes home with the tide,
I should have been a sailor's bride.

自从嫁给瞿塘峡的商人，朝朝暮暮空等，他总是不记得如约而归，总是辜负了良辰美景好光阴。

如果早知道潮水涨落有时，都比商人守信，还不如就嫁一个和潮水打交道的、和潮水一样等得到的寻常人。

这是首闺怨诗，吸取了乐府民歌的长处，语言明白如话，却又耐人寻味。诗歌以白描的手法叙述了一位商人妻子的心声。诗歌前两句以平实见长，后两句出语惊人。

李益（746—829年），唐代诗人。姑臧（今甘肃武威）人，后迁河南洛阳。大历四年（769年）进士，初任郑县尉。太和初，以礼部尚书致仕。以边塞诗作而出名，擅长绝句，尤其是七言绝句。其代表作还有《塞下曲三首》《夜上受降城闻笛》等。

始闻秋风

刘禹锡

昔看黄菊与君别，今听玄蝉我却回。

五夜飕(sōu)飗(liú)枕前觉，一年颜状镜中来。

马思边草拳毛动，雕盼青云睡眼开。

天地肃清堪四望，为君扶病上高台。

Ode to the Autumn Breeze

Liu Yuxi

Gone with yellow chrysanthemums last year,
You come back when cicada's song I hear.
Your soughing wakes me from dreams at midnight,
A year's wrinkles are seen in mirror bright.
Steeds missing frontier grass with bristles rise;
Eagles longing for clouds open sleepy eyes.
I'll gaze my fill into the boundless sky;
Though ill, for you I'll mount the tower high.

去年秋天和你分别时，菊花正黄，今年一听到秋蝉声起，我就急着回来看你了。

五更时，秋风起，枕边突然感觉到熟悉的气息。一年了，你依然那么飒爽，镜子里的我却已是形容憔悴。

那战马思念边塞的秋草，抖动着卷毛，想要扬蹄重回昔日疆场。那大雕向往天空，瞪大眼睛欲重归青云之上。

秋风啊，正好天清气朗，适合极目远眺，我就算病着也要登上高台，等候你，迎接你。

刘禹锡的这首诗作于836—842年之间，与他在841年写的《秋声赋》意趣颇为一致，估计写作时间也比较接近。

在首联中诗人为秋风代言，诗人与秋风重逢的对话深情动人。中间两联，写诗人对秋风的倾诉及诗人的所闻所思。尾联是诗人对秋风的答词，含蓄别致地表达了诗人对秋风的喜爱之情。这首诗细腻且传神地表达了诗人情深义重的情怀、积极健康的美学趣味，以及“老骥伏枥，志在千里”的倔强进取精神。

刘禹锡（772—842年），唐代文学家、哲学家。字梦得，洛阳（今属河南）人。贞元（唐德宗年号，785—805年）间擢进士第，登博学宏辞科。授监察御史。曾参加王叔文集团，反对宦官和藩镇割据势力，两度被贬。后任太子宾客，加检校礼部尚书，世称刘宾客。其诗通俗清新，善用比兴手法寄托政治内容。《竹枝词》《柳枝词》《插田歌》等组诗，富有民歌特色，为唐诗中别开生面之作。有《刘梦得文集》。

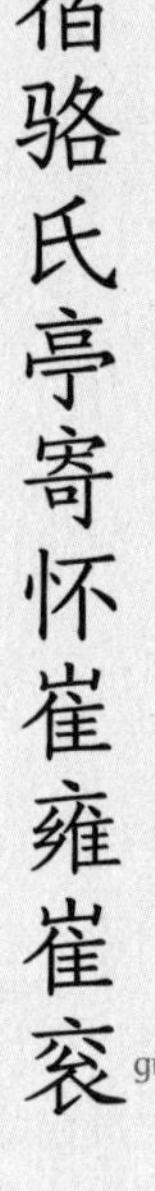

宿骆氏亭寄怀崔雍崔衮gǔn

李商隐

竹坞无尘水槛清，相思迢递隔重城。
秋阴不散霜飞晚，留得枯荷听雨声。

For the Cui Brothers at Luo's Pavilion

Li Shangyin

In the bamboo grove by the clean poolside I stay;
Separated from you by towns, I miss you far away.
The autumn gloom undispersed and late frost remain;
Only the withered lotus listen to the rain.

秋雨密，空气清新，竹林碧水环绕着静亭，天光云影守护着安宁。突然想起了远方的兄弟，不知道什么时候才能相聚。

风渐冷，阴霾不散，雾径空栏缓慢了光阴，空椅寒席霜未成行。不知道谁留下的几茎残荷，在空旷中默默听雨。

此诗抒发诗人李商隐对亲朋的思念。崔雍和崔衮是诗人的表叔崔戎的两个儿子，也就是他的表兄弟。崔戎对李商隐不仅有亲戚之情，还有知遇之恩，他的儿子们和李商隐也是情深义重。此诗大致作于公元835年，诗人离开崔家，旅宿在骆氏亭时。

李商隐（约813—约858年），字义山，号玉溪（谿）生、樊南生，唐代著名诗人，祖籍河内（今河南省焦作市）沁阳，出生于郑州荥阳。他擅长诗歌写作，骈文文学价值也很高，是晚唐最出色的诗人之一，和杜牧合称“小李杜”，与温庭筠合称为“温李”，因诗文与同时期的段成式、温庭筠风格相近，且三人都在家族里排行第十六，故并称为“三十六体”。其诗构思新奇，风格秾丽，尤其是一些爱情诗和无题诗写得缠绵悱恻，优美动人，广为传诵。死后葬于家乡沁阳（今河南焦作市沁阳与博爱县交界之处）。作品收录为《李义山诗集》。

过香积寺

王维

不知香积寺，数里入云峰。
古木无人径，深山何处钟。
泉声咽危石，日色冷青松。
薄暮空潭曲，安禅制毒龙。

The Temple of Incense

Wang Wei

Where is the temple? I don't know;
Miles up to Cloudy Peak I go.
There's pathless forest in the dell,
Where deep in mountain rings the bell?
The rockside fountain seems to freeze;
Sunlight can't warm up green pine trees.
I sit in twilight by the pool;
To curb my desire I'd be cool.

只是听说过，但从未去过香积寺。入山去寻，走了好几里，到了云雾缭绕的山峰间，依然不见庙门的踪迹。

古木森森，山间看不见一条可以走人的小路，突然听见不知从哪里传来的寺庙钟声，似远似近。

那清泠泠的泉水遇到壁立的崖石，幽咽了声音，放慢了脚步。那阳光落在繁茂的松林，清冷了光线，散掷了暖意。

黄昏时终于看到了寺前的水潭，水安如镜。就地打坐，心里的烦思杂念瞬间如烟散去……

一首游览诗。全诗不写寺庙，寺庙无处不在。构思奇妙，炼字精巧。

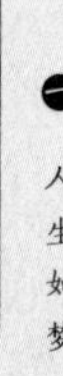

夜归鹿门歌

孟浩然

山寺鸣钟昼已昏，渔梁渡头争渡喧。
人随沙岸向江村，余亦乘舟归鹿门。
鹿门月照开烟树，忽到庞公栖隐处。
岩扉松径长寂寥，唯有幽人自来去。

Song of Returning to Deer–Gate Mountainat Night

Meng Haoran

The vesper bells of the mountain temple darken the day,
Scrambling for the ferry, to Kiddle Shoal people make their way.
Along the sandbank some walk to their huts by the riverside,
On my way back to Deer-Gate also in a boat I ride.
On the mountain, the moon brings the trees,wreathed in mists,
To light; I shortly come to where Lord Pang lived an eremite.
The piny path leading to the cave's rocky door is lonely,
Solitary, I come and go by myself only.

白天抱走了白，黑夜挑来了黑。远远地，传过来寺庙的钟声，一声推着一声，每一声的间歇，似乎都有无声的千言万语。小鸟归林，匆匆飞过喧哗的渔梁渡头，飞过争相过河的人群。

一条山径蜿蜒着，沿着沙岸通向江村，路上都是络绎回家的人。我也随着人流乘着小船，桨声欸乃地回到鹿门。

月亮出来了，晚风蘸着月光，一笔一笔描亮暮霭中朦胧的树影，和我脚下的路。忽然就走到了庞公当年栖隐故地，总觉得曾与他在冥冥中相遇相知。

山岩如门，松针铺满山路，暮色蹑足前行，只有我的脚印，和树叶落地的声音，来来去去。

此诗描写了诗人夜归鹿门山的所见、所闻、所感，抒发了诗人的隐世情怀。笔墨省净，情感真挚。

孟浩然（689—740 年），唐代著名山水田园派诗人，字浩然，襄州襄阳人，世称孟襄阳。因他未曾入仕，又被称为孟山人。不媚俗世，以隐士终身，曾隐居鹿门山，生了六子。其诗清淡，长于写景，多反映山水田园和隐逸、行旅等内容，绝大部分为五言短篇，在艺术上有独特的造诣。诗与王维并称“王孟”。有《孟浩然集》三卷。

题破山寺后禅院

常建

清晨入古寺，初日照高林。
曲径通幽处，禅房花木深。
山光悦鸟性，潭影空人心。
万籁此俱寂，惟闻钟磬音。

The Abbot's Cell in the Old Temple

Chang Jian

I come to the old temple at first light;
Only tree-tops are steeped in sunbeams bright.
A winding footpath leads to deep retreat,
The abbot's cell hid amid flowers sweet.
In mountain's aura flying birds feel pleasure;
In shaded pool a carefree mind finds leisure.
All worldly noises are quieted here;
I only hear temple bells ringing clear.

清晨，去古寺。看着初升的太阳慢慢照亮山上的树林。

提一缕晨光，沿着曲折的小径一步步走入山深林幽的秘境。花深处，禅房静谧安宁。

明媚的山色留白了天光，让小鸟更加喜悦欢欣。清澈的潭水接着了云影，让遇见的人多么心旷神怡。

此时此刻万物将醒未醒，安安静静，所有的声音都还在络绎赶来，就算有鸟，也是沉默着，一起聆听寺庙的钟声磬声，一声接着一声……

破山寺，在今江苏常熟，始建于南北朝时期，到唐代已属古寺。常建一生仕途不得意，常游览名山胜景以自娱。此诗是诗人游览破山寺后禅院时所作，具体创作时间未得确证。

常建，唐代诗人。开元进士，与王昌龄同榜。曾任盱眙尉。仕途失意，后隐居于鄂州武昌（今属湖北）。其诗多为五言，常以山林、寺观为题材，也有部分边塞诗。有《常建集》。

归嵩山作

王维

清川带长薄，车马去闲闲。

流水如有意，暮禽相与还。

荒城临古渡，落日满秋山。

迢递嵩高下，归来且闭关。

Coming Back to Mount Song

Wang wei

A clear stream flows along a prairie green;
A cab and horse goes not in haste between.
The running water welcomes fallen bloom;
Together birds fly back in evening gloom.
An age-old ferry leads to dreary town,
The mountain dyed in sunset up and down.
Its range extends east to west, far away;
Behind closed door a hermit here would stay.

一匹绿缎子似的流水，水边绵延的青葱草木，悠闲前行的马车，缓缓吹过来的晚风……

如此安宁美好的傍晚，好像流水和飞鸟都深情款款地一路相随相送。

荒僻的古城，古老的渡口，落日的余晖如金箔，铺满秋天的远山和街巷。

千山万水终于到了这高高的嵩山下，结庐修心，把尘事种种关在门外，听鸟声，见山岚，清净自在。

此诗是王维在开元二十二年（734年）秋天所作，那年他三十五岁。开元盛世，政治清明，王维内心重燃起了安邦济世的希望，追随张九龄来到洛阳，并上表自荐。在等待朝廷答复的时候，他在嵩山隐居了。诗中既有辞官归隐的向往，又有闭关山林的无奈。全诗质朴清新，自然天成，意象疏朗，感情浓郁。

寻南溪常道士

刘长卿

一路经行处，莓苔见屐痕。
白云依静渚，青草闭闲门。
过雨看松色，随山到水源。
溪花与禅意，相对亦忘言。

To South Stream for Taoist Chang

Liu Changqing

As I wended my way I noticed
Someone's footprints on the moss-covered path.
White clouds nestled in the tranquil lake,
And the solitary doorway was blocked by green grass.
Rain-washed pines looked fresher than ever,
And the footpath to the fountain-head wound its way.
With flowers by the brook, I meditated
In quietude, but what I perceived I failed to convey.

一路走来，山径清幽，苍郁的青苔上拓印一般落着浅浅的鞋印。

白云悠悠，沙洲静谧，恣意的青草长得没了小径，封藏起了赋闲日久的山门。

新雨过后，松色如翠，沿着山势走入松林深处，不觉间到了溪水的故乡。

溪花繁盛，禅意素简，天地玄妙意趣，纵然相对，不需言……

诗人去山中拜访一位道士，不遇。诗人非但没有失望惆怅，反而是乘兴而来、兴尽而返。全诗清美空灵，惬意自得的感受，几乎漫出诗句。

刘长卿，唐代诗人，字文房，河间（今属河北）人，天宝进士，曾任长州县尉，因事下狱，两遭贬谪，官终随州刺史。诗多写政治失意之感，也有反映离乱之作，善于描绘自然景物，以五七言近体为主，尤长于五言，称为“五言长城”。有《刘随州诗集》。

阙题

刘昚(shèn)虚

道由白云尽，春与青溪长。
时有落花至，远随流水香。
闲门向山路，深柳读书堂。
幽映每白日，清辉照衣裳。

Title Missing

Liu Shenxu

The end of the road is lost in a whitecloud,
Spring has awakened all along the stream, I presume:
Falen flowers riding on the waves at times glide by,
With current folowing like flowing perfume.
My door in solitude looks on a mountain-path;
My study nestles deep among the wilows green.
The sun peeps in through the leaves when day is clear
And quietly sheds on my clothes a beautiful sheen.

这里的道路似乎在白云里穿行，鞋印好像都落在了云天上。这里的春天和青溪一般悠长，溪水流处皆是潋滟春光。

总有不约而至的落花，跟着流水一路芬芳层林染香。

从不落锁的山门向着山路虚掩，隐约的读书声在柳林深处密藏。

每当阳光穿过繁茂的枝叶，清幽的光线以工笔，将树影画满了素白的衣裳。

阙题即缺题。殷璠《河岳英灵集》辑录此诗时就没有题目，后人因此以“阙题”为诗命名。诗中描绘的是一座深山别墅及其幽美环境，全诗清新自然，婉转流畅，画意诗情，佳句盈篇，有一种异乎寻常的艺术魅力，可以算是刘昚虚的代表作。

刘昚虚（约714—约767年），亦作慎虚，字全乙，亦字挺卿，号易轩，洪州新吴（今江西奉新县）人，盛唐著名诗人。他二十岁中进士，二十二岁参加吏部宏词科考试，得中，初授左春坊司经局校书郎，为皇太子校勘经史；旋转崇文馆校书郎，为皇亲国戚的子侄们校勘典籍，均为从九品的小吏。殷璠《河岳英灵集》录其诗十一首。

月夜

刘方平

更深月色半人家，北斗阑干南斗斜。
今夜偏知春气暖，虫声新透绿窗纱。

A Moonlit Night

Liu Fangping

The moon has painted half the room at dead of night,
The slanting Plough and Southern Stars shed their dim light.
I can feel in the air the warm breath of new spring,
For through my window screen I hear the insects sing.

夜深了，半梦半醒的月亮，照亮了半个屋顶、半个屋檐、半面墙。北斗七星的勺子倾斜了，洒了半天星光；南斗六星的瓢倾斜了，草木都接到了春天的昭告。

今夜才知道春天真的来了，温润的春风轻轻拍打着还在树枝间打盹的花朵，虫子的欢呼第一次和春光一起，穿过被树叶映绿的纱窗，递到枕旁、案上……

在唐诗中，写春天月夜的诗不胜枚举，
此诗着笔独辟蹊径、构思奇巧、意蕴深远，
读来满眼满耳都是春意……

刘方平（758 年前后在世），河南洛阳人，匈奴族。天宝前期曾应进士试，又欲从军 ，均未如意，从此隐居颍水、汝河之滨，终生未仕。善工诗、画山水，其诗多咏物写景之作，尤擅绝句，善于寓情于景，意蕴无穷。其《月夜》《春怨》《新春》《秋夜泛舟》等历来都是为人传诵的名作。

孤雁

杜甫

孤雁不饮啄，飞鸣声念群。
谁怜一片影，相失万重云？
望尽似犹见，哀多如更闻。
野鸦无意绪，鸣噪自纷纷。

The Lonely Swan

Du Fu

A lonely swan cares not for what it drinks
Singing all the way, for the flock it thinks.
Who will pity its lonely shadow far
Away from the flock as cloud from a star?
It still remains in view though lost to sight,
Its sorrow can be heard in its long flight.
Unlike the insensible duck or crow
Making loud noises in weal as in woe.

远天上，一只落单的大雁，顾不上饮水啄食，悲鸣着、奋力飞行着，追寻同行的雁群。

谁会怜惜天空中这小小的身影，有多么惶恐无助；谁会顾念云天上这凄凉的身影，是怎样和同伴失去了音讯。

它不停地飞。天涯望尽，似乎看见了同伴的身影；声声哀鸣，好像听见了同伴的回应。

野鸦不懂孤雁的心情，丝毫都不顾及孤雁的感受，自顾没心没肺地肆意叫个不停。

此诗作于大历初年。由于四川政局混乱，杜甫带着家小出川，旅居夔州。旅居期间，贫病交加，故交零落，生活困顿。全诗以孤雁象征诗人自己，暗示了自己于乱世中形单影只、怀念亲朋的心境。

杜甫（712—770 年），字子美，自称少陵野老。举进士不第，曾任检校工部员外郎，故世称杜工部。杜甫是唐代最伟大的现实主义诗人，宋以后被尊为“诗圣”，与李白并称“李杜”，其诗针砭时弊，对穷苦人民寄予深切同情。他的作品见证了唐代由盛转衰的历史过程，因此被称为“诗史”。在艺术上，善于运用各种诗歌形式，尤长于律诗，风格多样，语言精练。存诗一千四百多首，有《杜工部集》。

望夫石

王建

望夫处，江悠悠。
化为石，不回头。
上头日日风复雨。
行人归来石应语。

The Woman Waiting for Her Husband

Wang Jian

Waiting for him alone
Where the river goes by,
She turns into a stone
Gazing with longing eye.
Atop the hill from day to day come wind and rain;
The stone should speak to see her husband come again.

痴痴无语伫立的望夫石，滔滔不绝奔流的江水。

那是个天天上山远眺、痴痴望着丈夫回来方向的女子，就算是望夫望得化成了石头，也不肯回头，任凭风风雨雨日复一日，也不挪动一步。

如果有一天远行的人真的回来，呼唤着她的小名，那上天大概也会垂怜，让望夫石开口答应吧。

诗人王建依据湖北武昌附近的一个望夫石的传说所作，歌颂了坚贞不渝的爱情。于平淡质朴的笔触中，刻画了古代女子深情动人的形象。

王建（约767—831年），字仲初，颍川（今河南省许昌市）人，唐朝著名诗人。他出身寒微，虽曾进士及第，但只做过几任小官。他以乐府诗著称于世，语言通俗明快精炼，与张籍齐名，世称“张王乐府”。有《王司马集》行世。

杨生青花紫石砚歌

李贺

端州石工巧如神，踏天磨刀割紫云。
傭(chōng)刓(wán)抱水含满唇，暗洒苌(cháng)弘冷血痕。
纱帷昼暖墨花春，轻沤漂沫松麝(shè)薰。
干腻薄重立脚匀，数寸光秋无日昏。
圆毫促点声静新，孔砚宽顽何足云！

The Violet Inkstand of Master Yang

Li He

The mason of Duanzhou has marvel-doing hands,
Whetting his knife to carve blue clouds, aloft he stands.
He grinds the stone in order to make an inkwell;
Violet flowers look dim like cold blood shed pell-mell.
Black flowers seem like spring at noon behind the screen;
The pine-soot ink steeped in water smells like musk keen.
Smooth, water-proof, flat and heavy, it stands steadfast;
Like autumn bright its color, rain or shine, will last.
Your brush will make no noise when on paper you write.
Could the inkstone of Confucius give such delight?

那端州砚工技艺精湛，巧手如神。水天相映，他们在水边磨刀如踏天而行；天水相合，他们在水边采石如上天割云。

那砚台削磨均匀，雕刻细腻。砚台蓄水，如诗书满唇。砚纹隐约，如见苌弘留下的碧血印痕。

晴日试墨，那书房纱帐内墨香渐弥，多像春天缓缓而归；那砚台里轻研而至的墨沫，多像松烟、麝香的芬芳约了又约。

细细看，砚台干而腻、薄而重，形质俱佳。墨锭入砚，研磨均匀稳定。墨色明净，书画不染不晕，如秋天的天空澄澈不见纤尘。

静静听，饱蘸墨汁的毛笔落在纸上，轻微细碎的走笔声，多么悦耳，多么清新。在它的面前，那又大又粗糙的孔砚哪里还值得一提。

端州石砚造型美、雕琢精，唐代已负盛名。诗人见杨生有一青花紫石砚，欣然写下此赞美诗。写砚，以写墨、笔、纸为衬，烘托青花紫石砚的美。全诗如叠涧湍湍，诗句络绎，字字精炼，酣畅淋漓。

李贺（约790—约817年），字长吉，汉族，河南福昌（今河南洛阳宜阳县）人，家居福昌昌谷，后世称李昌谷，是唐宗室郑王李亮后裔。有“诗鬼”之称，是与“诗圣”杜甫、“诗仙”李白、“诗佛”王维相齐名的唐代著名诗人，与李白、李商隐称为唐代三李，是继屈原、李白之后，中国文学史上又一位颇享盛誉的浪漫主义诗人。因长期抑郁感伤，二十七岁英年早逝。著有《昌谷集》。

鹦鹉

罗隐

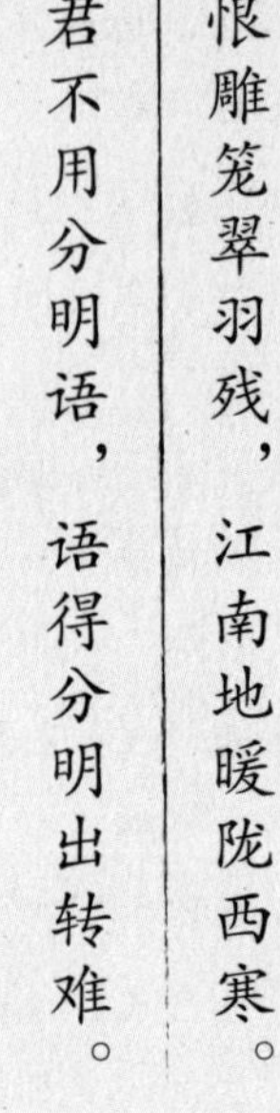

莫恨雕笼翠羽残，江南地暖陇西寒。

劝君不用分明语，语得分明出转难。

To the Parrot

Luo Yin

Do not complain of golden cage and wings cut short;
The southern land is far warmer than the northwest.
Don't clearly speak if you listen to my exhort;
You will offend if clearly your complaint's expressed.

不要恨雕花笼子让你失去了天空丛林，也不要怪喜欢你的人剪去了你美丽的羽毛阻止了你想飞的憧憬。毕竟江南气温和煦饱暖有依，而你的老家陇西是饥寒难挨之地。

偷偷劝你一句，不要学说话学得太好了，不然他们更喜欢你了，你哪儿都别想再去。

此诗作于罗隐投靠江东偏安江南时，虽得钱镠礼遇，但是他仍然思念唐代国都长安，内心郁闷，遂写了《鹦鹉》，借着对鹦鹉劝诫提醒，抒发自己内心的悲慨和自嘲。

罗隐（833-909 年），字昭谏，新城（今属浙江富阳区新登镇）人，唐末五代时期的道学家、诗人。本名横，因十次考进士都没考上，史称“十上不第”，于是改名罗隐。后入镇海军节度使钱镠幕。他著述甚丰，但仅存诗歌约五百首，有诗集《甲乙集》传世，散文名著《谗书》，哲学名著《两同书》，小说《广陵妖乱志》《中元书》等。

蜂

罗隐

不论平地与山尖，无限风光尽被占。
采得百花成蜜后，为谁辛苦为谁甜？

To the Bee

Luo Yin

On the plain or atop the hill,
Of beauty you enjoy your fill.
You gather honey from flowers sweet.
For whom are you busy and fleet?

飞过平地，飞过山巅……花开的方向，都是蜜蜂甜蜜的远方。它歇过翅膀的花草树木，都是它的花园、它的村庄。

采得微甜的空气，采得芬芳的花蜜，采得深绿浅绿的念想，和着百千种花香，终于酿成蜜糖。

只是没有人会告诉蜜蜂，那些辗转奔波的累，那些风餐露宿的苦，那些罐盛钵装的甜，都是为了谁？

诗人一生写了许多政治讽刺诗，揭露唐末社会的黑暗面。这首诗借着赞美蜜蜂勤劳的美德，讽刺了那些不耕而食、不织而衣的人。诗人在对一只蜜蜂的命运的描述里暗藏了深远的社会寓意，举重若轻，令人耳目一新。

金缕衣

杜秋娘

劝君莫惜金缕衣，劝君惜取少年时。
花开堪折直须折，莫待无花空折枝。

The Golden Dress

Du Qiuniang

Love not your golden dress, I pray,
More than your youthful golden hours!
Gather sweet blossoms while you may,
And not the twig devoid of flowers!

劝你不要顾惜浮华的金缕衣，也不要贪恋虚无的功名利禄；劝你要珍惜实实在在青春少年好时光，也要珍惜懵懂的心动和欢喜。

那花开好了可以折了一定要赶紧去折，不要等到花都谢了才想去折，那就只能带根树枝回家了。

《金缕衣》是一首富有哲理性、含义深永的小诗，它劝人莫负少年青春好时光，至于说它具体到底要劝喻人们珍惜少年时光做什么并不重要。就因为它没有说明白，反而想象空间更大。

传闻“杜秋娘”是唐代金陵人，十五岁时成了元和时镇海节度使李锜的侍妾，常在酒宴上演唱此诗。

山中问答

李白

问余何意栖碧山，笑而不答心自闲。

桃花流水窅（yǎo）然去，别有天地非人间。

A Reply

Li Bai

I dwell among green hills and someone asks me why,
My mind care free, I smile and give him no reply.
Peach petals fallen on running water pass by,
This is an earthly paradise beneath the sky.

有人问我为什么要隐居在碧山，我笑了笑，心里满怀欢喜自在，舍不得轻易说出来。

你看这桃花缤纷，随着流水想去哪里就去哪里。你看这山色四季青绿，山岚若白纱轻萦，恍如仙境。

此诗是唐代伟大诗人李白的作品。以问答形式抒发作者隐居生活的自在天然的情趣。语言朴素轻灵，意蕴幽邃隽永；诗境似近而实远，诗情似淡而实浓。

李白曾经多次隐居山林。此诗当作于开元十七年（729 年）或十八年（730 年）李白在白兆山桃花岩隐居时期。

李白（701—762 年），字太白，号青莲居士，又号“谪仙人”，唐代伟大的浪漫主义诗人，被后人誉为“诗仙”，与杜甫并称为“李杜”。为人豪爽，爱饮酒作诗，喜交友。有《李太白集》传世，代表作有《望庐山瀑布》《行路难》《蜀道难》《将进酒》《早发白帝城》等多首。另外，李白所作辞赋也文采斐然，“李白词”也享有极为崇高的地位。

江汉

杜甫

江汉思归客，乾坤一腐儒。
片云天共远，永夜月同孤。
落日心犹壮，秋风病欲苏。
古来存老马，不必取长途。

On River Han

Du Fu

On River Han my home thoughts fly,
Bookworm with worldly ways in fright.
The cloud and I share the vast sky;
I'm lonely as the moon all night.
My heart won't sink with sinking sun;
Autumn wind blows my illness away.
A jaded horse may not have done,
Though it cannot go a long way.

我是在江汉一带想家却不能回的漂泊者，我是茫茫天地间一迂腐的书生。

看着天上飘忽的浮云，感觉心与浮云一样无依。守着一夜清冷的月亮，感觉人和月亮一样孤单。

就算人已暮年，雄心壮志依然在。就算人生已秋，依旧感觉病体在好转。

自古以来那些养着老马的人，不是为了它能跑多远的体力。我虽然年老又多病，还是可以有所作为。

此诗为唐朝诗人杜甫五十七岁时所作。大历三年（768年）正月，杜甫离开夔州，辗转于湖北江陵、公安等地。此时的杜甫历经磨难，北归已经无望，且生活日益困窘。长期漂泊无定的生活让杜甫感慨万千，遂写下此诗。

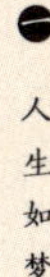

谒山

李商隐

从来系日乏长绳，水去云回恨不胜。
欲就麻姑买沧海，一杯春露冷如冰。

Homage to the Mountain

Li Shangyin

Since olden days there is no rope to bind the sun.
How could we stop the cloud and water on the run?
I'd like to buy the vast sea from the goddess nice,
But a cup of spring dew soon turns as cold as ice.

从来就没有可以系住太阳的长绳，从来就没有人能阻止时光的流逝。怅恨地看着江河的水径自向东奔流不休，怅恨地看着天上的云在眼前不停地变幻。

都说沧海会很快变成桑田，正想着怎么开口索性向麻姑买下沧海，沧海已经变成了一杯冰冷的春露。

此诗是唐代诗人李商隐登高山，望见水去云回日落的景象，怅恨不已而创作的七绝。

全诗风格奇幻瑰丽，富于浪漫主义色彩。

代悲白头翁

刘希夷

洛阳城东桃李花，飞来飞去落谁家？
洛阳女儿惜颜色，坐见落花长叹息。
今年花落颜色改，明年花开复谁在？
已见松柏摧为薪，更闻桑田变成海。
古人无复洛城东，今人还对落花风。
年年岁岁花相似，岁岁年年人不同。
寄言全盛红颜子，应怜半死白头翁。
此翁白头真可怜，伊昔红颜美少年。
公子王孙芳树下，清歌妙舞落花前。
光禄池台文锦绣，将军楼阁画神仙。
一朝卧病无相识，三春行乐在谁边？
宛转蛾眉能几时？须臾鹤发乱如丝。
但看古来歌舞地，唯有黄昏鸟雀悲。

Admonition on the Part of a White-haired Old Man

Liu Xiyi

The peach and plum flowers east of the capital
Fly up and down and here and there. Where will they fall?
The maiden in the capital loves rosy hue;
She would sigh for the flowers falling out of view.
Her rosy color fades when flowers fall this year.
When flowers blow again, will she pretty appear?
I've seen cypress cut down as fuel with pine trees;
I've heard the mulberry fields turn into the seas.
We see no ancients now east of capital town,
But we still see today the wind blow flowers down.
The flowers of this year look like those of last year;
But next year the same people will not reappear.
I'd like to tell the rosy faces in their prime
Not to forget the old before their dying time
Pitiable is the old man whose hair turns white,
But in his prime he was rosy-cheeked, fair and bright.
Noble sons and daughters under the leafy trees
Sing and dance before the flowers blown down by the breeze
By lakeside stand ministers' richly brocaded bowers;
Pictures of immortals hang in generals' towers.
When you're ill and cast down, with you none would abide.
Who would then make merry in spring days by your side?
How long can your finely arched eyebrows remain fair?
Your head will soon be covered with disheveled hair.
See where the noble sang and danced in merriment,
Now you can only hear at dusk the birds' lament.

春宴将尽，洛阳城东的桃花李花开始离席谢幕，只见它们飞呀飞，也不知道要飞去哪家。

洛阳城里的女子怜惜春色，一个人坐在院子里看着落花如雪，忍不住一声长叹，感慨万千。

今年我在这里看落花颜色暗淡蓦然伤感，明年花开时节，会是谁在这里欣赏繁花似锦呢？

已经看过了苍翠俊秀的松柏转眼被摧残成了枯柴，也听说过葱郁的桑田转瞬成茫茫大海。

古人已经看不见洛阳城东的春天花事也不需悲叹了，现在的人活着依旧会为落花飘零而伤怀。

年年岁岁花依旧，岁岁年年看花的人却不相同了。

告诉那些青春正好的红颜少年，要懂得怜悯已是垂暮之年的白头老翁。

别看他现在白发苍苍看着可怜，从前他也是风流倜傥的美少年。

他曾和公子王孙们嬉笑玩乐于树下流连忘返，也曾在落花前欣赏清歌妙舞不亦乐乎。

他曾像权臣光禄勋那样以锦绣装饰池台，又曾如贵戚梁冀在府第楼阁中到处涂画云气神仙。

白头老翁如今卧病在床就无人记得了，那些年的三春行乐、清歌妙舞又到哪里去了呢？

而那些美人的如画容颜又能保持多久呢？眨眼间就两鬓苍苍发如乱丝了。

但凡往日繁华热闹的游乐之地，最后都冷冷清清，只有孤单的鸟雀在暮色里发出几声意犹未尽的悲啼……

这是唐代刘希夷所作的一首拟古乐府诗，从女子写到老翁，咏叹青春易逝、富贵无常。构思独创，抒情宛转，语言优美，音韵和谐，艺术性较高，在初唐即受推崇，历来传为名篇。

刘希夷（约651—约680年），唐朝诗人。汉族，汝州（今河南省汝州市）人。高宗上元二年（675年）进士，善弹琵琶。其诗以歌行见长，多写闺情，辞意柔婉华丽，且多感伤情调。据说为人所害，死时年未三十。《全唐诗》存诗一卷，《全唐诗外编》《全唐诗续拾》补诗七首。原有集，已失传。

秋夜独坐

王维

独坐悲双鬓，空堂欲二更。
雨中山果落，灯下草虫鸣。
白发终难变，黄金不可成。
欲知除老病，唯有学无生。

Sitting Alone on an Autumn Night

Wang Wei

Sitting alone,I grieve over my hair white;
In empty room it approaches midnight.
When it rains in the hill,I hear fruit fall;
By lamplight crickets chirp in my hall.
I cannot blacken my white hair while old,
Nor can I turn a metal into gold.
If you want to get rid of ills of old age,
You can only learn from the Buddhist sage.

一个人坐在秋夜里，也坐在无边的黑暗和寂静里。快要二更天了，在空空荡荡的厅堂，突然为日渐花白的双鬓和人生如浮云而伤感不已。

雨下着，灯点着。透过雨声，仍然能听见山上的果子砰然落地的动静。守在灯下，依旧会听见草丛中的虫子清亮的鸣叫声。

无知的草木昆虫，无奈的人生。白发终究难以变回青丝，长生的丹药也不可能炼成。

想要知道怎样无惧生老病死，怎样看破得失悲喜，也许只有去学习佛法，从佛家“无生”的境界里慢慢修行了。

此诗为唐代诗人王维所作。他中年学佛，诗多禅意。此诗写出了一个思想觉悟即禅悟的过程。艺术表现上真切细微，传神入化。

江上吟

李白

木兰之枻yì沙棠舟，玉箫金管坐两头。
美酒樽中置千斛hú，载妓随波任去留。
仙人有待乘黄鹤，海客无心随白鸥。
屈平辞赋悬日月，楚王台榭xiè空山丘。
兴酣落笔摇五岳，诗成笑傲凌沧洲。
功名富贵若长在，汉水亦应西北流。

Song on the River

Li Bai

In a ship of spice-wood with unsinkable oars,
Musicians at both ends, we drift along the shores.
We have sweet wine with singing girls to drink our fill,
And so the waves may carry us wherever they will.
Immortals could not fly without their yellow crane;
Unselfish men might follow white gulls to the main.
The verse of Qu Yuan shines as bright as sun and moon,
While palaces of Chu vanish like dreams at noon.
Seeing my pen in verve, even mountains shake;
Hearing my laughter proud, the seaside hermits wake.
If worldly fame and wealth were things to last forever,
Then northwestward would turn the eastward flowing river.

提一支辛夷木的桨，任沙棠木的船在汉江上飘着，吹着玉箫金笛的歌女坐在船的两头。

载着千斛美酒和美艳歌妓，不问朝夕不问西东，纵情欢娱随波逐流。

那黄鹤楼上修炼已成的仙人还在等待乘鹤登天，我这个物我两忘无忧无虑的人如同白鸥逍遥自由。

爱国正义的屈原写的诗词歌赋至今可与日月争光，骄奢荒淫的楚王建的亭台轩榭早已荒废无踪。

我诗兴起时，落笔声可以震撼巍巍五岳，诗成纵情高吟时可令沧州俯首。

人生如梦，拥有多少都是浮云，如果富贵功名能永远在，那汉江水都可以改向西北流了。

此诗是唐代诗人李白游江夏（今湖北省武汉市武昌）时所作。此诗以江上的遨游起兴，表现了诗人对庸俗、局促的现实的蔑弃和对自由、美好的生活、理想的向往和追求。全诗感情激扬，气势豪放，无论在思想上还是艺术上，都充分显示出李白诗歌的特色。

拟古十二首（其九）

李白

生者为过客，死者为归人。
天地一逆旅，同悲万古尘。
月兔空捣药，扶桑已成薪。
白骨寂无言，青松岂知春。
前后更叹息，浮荣安足珍？

Life and Death（*IX*）

Li Bai

The living are but passers-by,
And those are going home who die.
The sky and earth are hotels just
For all to grieve over age-old dust.
The Moon Goddess lives long in vain;
The sacred tree's cut down with pain.
The bleached bones can nor speak nor sing.
Could green pines feel the warmth of spring?
Ancestors and posterity,
Don't prize but sigh for vanity!

人活着如同来人间做客，不停奔走。人死了就像是终于回家了，一去不返。

天地间仿佛一间巨大的客栈，迎来送往。人都将化为一抔轻尘，散去如烟。

月亮里的玉兔就算长生不老，天天孤单捣药又有什么意思。那扶桑神木纵然再传奇，最后也逃不过成了一捆枯柴。

地下的白骨虽然了无声息一片寂静，但那高坡上的青松又哪里懂得春天有多好，哪里说得出春风侧身入林的样子有多美。

思前想后忍不住一声叹息，那浮云一般的荣华富贵，哪里值得放在心上在意珍惜？

此诗超凡脱俗，想象力新颖、诡谲，有如天马行空；艺术表现上堪称匠心独具、鬼斧神工。一个沉重悲观的宿命话题被诗人写得荡气回肠，又超脱浪漫。

终南别业

王维

中岁颇好道，晚家南山陲。
兴来每独往，胜事空自知。
行到水穷处，坐看云起时。
偶然值林叟，谈笑无还期。

My Hermitage in Southern Mountain

Wang Wei

Following divine law after my middle age,
I live in Southern Mountain at my hermitage.
In joyful mood to wander, alone I would go
To find delightful scenes nobody else could know.
I'd go as far as the end of a stream or fountain
And sit and gaze on cloud rising over the mountain.
If I happen to meet with an old forest man,
We'd chat and laugh endlessly,as long as we can.

人到中年时突然对佛教莫名欢喜，晚年时终于安家在了终南山下。

兴起时我自己想去哪里就去哪里，有了美好的事就自己尽情高兴。

就算有时在山间走到了水尽处路尽头，也会有坐看云雾在眼前袅袅升起的惊喜。

如果在树林里遇到个老翁，聊着聊着常常就忘了回去。

此诗是王维晚年的作品，当写于唐肃宗乾元元年（758 年）之后。王维晚年官至尚书右丞，职务不小。其实，由于政局变化反复，他早已看清仕途的艰险，便想超脱这个烦扰的尘世。他吃斋奉佛，悠闲自在，大约四十岁后，就开始过着亦官亦隐的生活。

曲江二首（其一）

杜甫

一片花飞减却春，风飘万点正愁人。
且看欲尽花经眼，莫厌伤多酒入唇。
江上小堂巢翡翠，花边高冢卧麒麟。
细推物理须行乐，何用浮名绊此身。

The Winding River (*I*)

Du Fu

Spring fades when petals on petals fly as they please;
It grieves me to see dots on dots waft in the breeze.
Enjoy the blooms passing away before your eyes;
Do not refuse to drown your grief in wine and sighs!
In the riverside halls kingfishers build their nest;
Before the tomb the stone animals lie at rest.
The law of nature tells us to enjoy as we may.
Why spoil our joy by sheer vanity of the day?

已是暮春。一朵一朵落花，正将春天慢慢地一笔一笔删去，突然而至的大风猛地将千万朵花吹落一地，多么让人揪心。

就这么看着为春天殿后的花们在眼前络绎飘零，请不要介意黯然神伤的人借酒消愁杯不停。

那翡翠鸟在江上曾经人声鼎沸的空楼里做了巢，那石麒麟倒卧在芙蓉苑边高高的墓旁，多像梦一场。

细想那事物盛衰都终将消逝，真应该及时行乐，怎么能让那些虚浮的名利束缚了自己……

此诗为唐代诗人杜甫作于乾元元年（758年）暮春，伤春感时，说世事无常，何必为名利所累。有着浓浓的伤春之情。

曲江二首（其二）

杜甫

朝回日日典春衣，每日江头尽醉归。
酒债寻常行处有，人生七十古来稀。
穿花蛱蝶深深见，点水蜻蜓款款飞。
传语风光共流转，暂时相赏莫相违。

The Winding River （*II*）

Du Fu

Back from the court from day to day, I pawn spring gown
To get drunk by the riverside where I lie down
In every wine shop I have a debt to pay;
It’s rare to live to seventy since olden day.
Deeper and deeper amid flowers go butterflies;
Slowly and slowly on water skim dragonflies.
I will enjoy the present with those on the wing.
Do not let pass away any delightful thing!

上朝回来，天天去典当春衣换钱买酒，不醉不会从江头回来。

到处欠酒债已是寻常小事，有什么大不了的呢？毕竟人能够活到七十岁自古以来都很难得。

看那蝴蝶在花丛里穿行忽隐忽现，看那蜻蜓在水面上点水轻掠从容自在。

帮我带个话吧，请春光和蝴蝶、蜻蜓一起留下来，哪怕只是暂时地让我欣赏片刻，不要连这么点愿望都不让我实现。

此诗为唐代诗人杜甫作于乾元元年（758年）暮春，其时安史之乱还在继续，作者眼看着因政治腐败而酿成的祸乱，心境感伤，写散朝后赏春纵酒、苦中作乐的状态和心境。

与梦得沽酒闲饮且约后期

白居易

少时犹不忧生计，老后谁能惜酒钱？
共把十千沽一斗，相看七十欠三年。
闲征雅令穷经史，醉听清吟胜管弦。
更待菊黄家酝熟，共君一醉一陶然。

Drinking Together with Liu Yuxi

Bai Juyi

While young, I was not worded about livelihood.
Old now, how could I grudge money for buying wine?
Let's spend ten thousand coins for a jarful of drink good!
Looking in face, two years more we'll be sixty-nine.
We read and play the drinkers' wager game at leisure;
Drunk, we listen to verse better than music light.
When chrysanthemums yellow, may 1 have the pleasure
To invite you to drink my home-brew with delight?

少年的时候都没担忧生计，没愁过怎么生活，到老了谁还会舍不得这几个酒钱？

老友争抢着拿十千钱买一斗好酒，一起推杯换盏，醉眼蒙眬中惊觉，都已是差三年就七十岁的人了。

闲得无聊了行行雅致的酒令找些经书史籍虚度光阴，酒醉后的清吟比所有的丝竹之音都好听。

等到秋天，等菊花开黄了小院、自家的酒酿成，我再和你醉个痛快惬意。

白居易晚年和刘禹锡交往甚密，唱和颇多，世称“刘白”。唐文宗开成二年（837年），年近古稀的白居易和刘禹锡同在洛阳，刘任太子宾客分司，白任太子少傅，都是闲职。政治上共遭冷遇的他们都阅尽了人世沧桑，时常相对痛饮，相互慰藉。白居易为两人的酒约创作了此诗。

白居易（772—846年），字乐天，号香山居士，又号醉吟先生，祖籍山西太原，生于河南新郑。唐代伟大的现实主义诗人，唐代三大诗人之一，有“诗王”“诗魔”的美誉。官至翰林学士、左赞善大夫。他与元稹共同倡导新乐府运动，世称“元白”，与刘禹锡并称“刘白”。代表诗作有《长恨歌》《卖炭翁》《琵琶行》等。著有《白氏长庆集》，共有七十一卷。

官街鼓

李贺

晓声隆隆催转日，暮声隆隆呼月出。
汉城黄柳映新帘，柏陵飞燕埋香骨。
磓碎千年日长白，孝武秦皇听不得。
从君翠发芦花色，独共南山守中国。
几回天上葬神仙，漏声相将无断绝。

Official Drums

Li He

At dawn official drumbeats hasten the sunrise;
At dusk the booming drums call the moon to the skies.
When yellow willows put forth new buds in the town,
In tomb is buried the favorite of the crown.
The drums have boomed a thousand years, still shines the sun,
But ancient emperors of Qin and Han have done.
Your hair once black may turn white as reed flowers stand,
The drums with southern hills will ever guard our land.
Even immortals were buried in the sky,
The drumbeats and the water-clock will never die.

拂晓时分，官街鼓的隆隆声催着太阳升起；暮色渐浓，官街鼓的隆隆声呼唤着月亮上山。

长安城内，春天的柳枝刚换上了嫩黄的叶子，昔日的美人赵飞燕已香消玉殒埋在了皇陵。

鼓声不动声色地锤碎了千百年的漫长光阴，就算贵为汉武帝和秦始皇也听不到今天的官街鼓声了。

只能听任你的黑发慢慢被岁月漂成了花白的颜色，唯有官街鼓声和终南山一起岁岁年年守护着长安城。

就算是天上的神仙也会死去，只有这官街鼓声与漏声此起彼伏，经久不息……

此诗是唐代诗人李贺所作。官街鼓是时间的象征，构思奇巧，意境幽冷，以鼓声之不断喻宇宙之长存、历史之无限，抒发时间无限而人生有限的感慨。

第二章

一别×如雨

CHAPTER TWO

Like the rain that falls and cannot be returned to the clouds

于易水送人一绝

骆宾王

此地别燕丹，壮士发冲冠（guān）。

昔时人已没（mò），今日水犹寒。

Farewell on River Yi

Luo Binwang

The hero left his friend
With angry hair on end.
The martyr's now no more,
He waves cold as of yore.

想起了，荆轲当年也是在这易水河边和燕太子丹告别，他怒发冲冠的样子如在眼前。

而此刻，从前的英雄早已被时光的河流带走，一去不回了。唯有这易水河里的水，还是和那时候一样的寒冷蚀骨……

此诗描述了诗人在易水河边送别友人的心情。一个“寒”字道尽了千言万语。

是送别诗，又似咏史诗。既表达了对古代英雄的倾慕，也抒发了自己满腔热血无处报国的苦闷。全诗看似简洁直白，实则语言含蓄、情感浓烈、笔调苍凉。

骆宾王（约626—684年），唐代文学家。字观光。婺州义乌（今属浙江）人。曾随徐敬业起兵反对武则天，作《讨武曌檄》，兵败后不知所终。他与王勃、杨炯、卢照邻以诗文齐名，为“初唐四杰”之一。有《骆宾王文集》。

留别王侍御维

孟浩然

寂寂竟何待，朝朝空自归。
欲寻芳草去，惜与故人违。
当路谁相假，知音世所稀。
只应守寂寞，还掩故园扉。

Parting from Wang Wei

Meng Haoran

Lonely, lonely, what is there to hope for?
Day after day I come back bare in heart.
I would seek fragrant grass in native shore.
How I regret with my old friend to part!
I'm one whom those in high place would elude,
For there are few connoisseurs in the state.
I can but keep myself in solitude
And go back to close my old garden gate.

也不知道在这空旷寂寥的长安那么久，到底在等什么？也不知道天天满心希望地出门又怏怏地回来，又在盼什么？

也曾无数次想离开，去一山清水秀处，与花草树木相邻而居，可又不舍与老友分离。

那些位高权重的人，谁会因为才华就举荐一个人呢？在这世上，知音从来难遇。

都过去了，终究不过是误会一场，我想我应该放下执念，回到故乡，关起院门，寂寞着自己的寂寞，快活着自己的快活，安静自在地生活。

此诗为诗人长安应进士试失意后回襄阳前赠别王维之作。全诗情绪低沉，有对朝廷的不满，有对朋友的留恋，有对怀才不遇的不甘，思绪纷繁。语言浅显直白，对偶不拘工整，有不事雕琢的自然之美。

送杜审言

宋之问

卧病人事绝，嗟jiē君万里行。
河桥不相送，江树远含情。
别路追孙楚，维舟吊屈平。
可惜龙泉剑，流落在丰城。

Farewell to Du Shenyan

Song Zhiwen

I visited by none each day,
I sigh for you'll go far away.
I cannot bid farewell to you,
Let riverside tree say adieu!
A hero may not serve till old;
A poet's drowned in river cold.
The precious sword of Dragon's Fountain
Might still shine bright though in deep mountain.

卧病在家久了，来往的人越来越少了，特别珍惜身边的友人。忽然听说老朋友要被贬谪去万里之外，忍不住心里悲叹，倍感惆怅孤单。

虽然我无法到河桥为你送别饯行，但水边的杨柳依依会告诉你我心里的难过和不舍。

远行的路上也许会不自觉地追忆起同样命运浮沉的孙楚，也许还会在江上停船凭吊自沉汨罗的屈原，可又能怎样呢？

可惜你犹如一把上好的龙泉宝剑，就这么被埋没在了丰城……

此诗为唐代诗人宋之问为被贬谪的杜审言而写。音韵和谐，笔墨饱满，情深义重。感慨友人仕途坎坷，同时写出了自己与友人的深厚情谊。

宋之问（约656—约712年），字延清，名少连，汉族，汾州（今山西汾阳市）人，初唐时期的诗人。唐高宗上元二年（675年），进士及第，得当时掌握实权的武则天的赏识，被召入文学馆，不久出授洛州参军。永隆二年（681年），与杨炯一起进入崇文馆任学士。有《宋之问集》。

送杜十四之江南

孟浩然

荆吴相接水为乡，君去春江正渺茫。
日暮征帆何处泊，天涯一望断人肠。

Seeing Du Fourteenth off to the East

Meng Haoran

The east and west are joined by boundless water clear;
On the endless spring river goes the boat you steer.
Where will you moor it at sunset far, far apart?
Can I not gaze far, far away with broken heart!

虽遥远，一江水牵起了荆吴。水流处，皆是故乡。你走时春江正烟波浩渺，那船渐行渐远，如意味深长的绝句一行。

天黑下来时，忍不住想，你的船会停靠在哪里呢？从此天涯路远，望不尽，想断肠。

这首送别诗是诗人写给要离开楚国到吴国的友人杜晁。作者用行云流水的散行句式，白描了浩渺春江和一叶孤舟的苍茫画面，表达了作者对所送友人深深的不舍和怀念。

送刘昱

李颀

八月寒苇花，秋江浪头白。
北风吹五两，谁是浔阳客。
鸬鹚山头微雨晴，扬州郭里暮潮生。
行人夜宿金陵渚，试听沙边有雁声。

Farewell to Liu Yu

Li Qi

In the eighth moon the weed cold grows,
The autumn waves surge with white crest.
The mast shivers as north wind blows;
Why should my guest go to the west?
The rain no longer drizzles on hilltop;
Out of the door rises the evening tide.
At night along the beach my friend should stop.
Hear lonely wild goose cry by riverside.

八月里，一夜秋凉，苇花开白了江岸。那江里的波浪，也白得像苇花一样，风起时，素白推着莹白，莹白攘着素白，时光似雪。

那北风吹拂着船桅上名为“五两”的候风器，是不是谁托风来打听哪个是浔阳客，想提醒他好风顺水正好行船？

雨后天晴，鸬鹚如去轻落在山头。扬州城外晚潮初涨。

那出行的人，住在金陵江边，应该会听到沙滩边大雁的鸣声，一声，一声，睡里，梦里……

据说，那年李颀和刘昱同在江南的镇江扬州一带，刘昱要到九江去，李颀就在送别时写了此诗，着笔素淡，但诗味隽永。

李颀（690—751），汉族，唐代诗人，与高适、岑参、王昌龄并称“高岑王李”。

少年时曾寓居河南登封。开元二十三年进士，做过新乡县尉的小官，诗以写边塞题材为主，风格豪放，慷慨悲凉，七言歌行尤具特色。今存《李颀集》有《唐人小集》本1卷；《唐诗二十六家》本3卷。《全唐诗》编为3卷。

送魏万之京

李颀

朝闻游子唱离歌，昨夜微霜初渡河。
鸿雁不堪愁里听，云山况是客中过。
关城树色催寒近，御苑砧声向晚多。
莫见长安行乐处，空令岁月易蹉跎。

Seeing Wei Wan off to the Capital

Li Qi

At dawn I hear the roamer's farewell song;
Last night a thin frost crossed the river long.
Are you not grieved to hear the wild geese cry?
Can you bear clouds and mountains passing by?
Yellow leaves hasten the cold to come near.
Could washerwomen's song reach their men's ear?
Don't make merry in the capital town
And waste the prime of your life up and down!

天刚微亮，隐约听见离歌声起。昨晚薄霜初降，你也不惧水冷风寒一早就渡过了黄河。

心怀愁绪的旅人最怕听见鸿雁凄婉长鸣，云山的空旷冷寂也不适合落寞的过客小憩。

潼关的晨曦催促着寒冬的来临，京城的捣衣声傍晚时响彻全城。

千万别觉得长安是个及时行乐的地方，免得白白浪费了你的大好光阴。

此诗为唐代诗人李颀写给忘年交的友人。叙事、写景、抒情融合在一起，抒发了别离的心绪，又对友人进行了劝勉。全诗情真意切，缠绵之至，遣词炼句为人称道。

王昌龄

醉别江楼橘柚香，江风引雨入舟凉。
忆君遥在潇湘月，愁听清猿梦里长。

Farewell to Wei the Second

Wang Changling

Drunk, we leave the wine shop sweetened with orange blooms;
The breeze brings in your boat the rain casting cold glooms.
When steeped in moonlight far away in Southern streams,
You would be grieved to hear monkeys' wail in your dreams.

总要微醺着，才抵挡得住送别的离愁。那江楼外一丝一缕牵人衣袖的橘柚香，是这个秋天为远行的人准备的最缠绵的挽留了吧。秋雨跟着江风上船，后面还跟着一步深一步浅的秋凉。

而此刻月色正好，适合想念。远在潇湘的你，是不是也在这怆然的月色里辗转反侧，数着猿啼一声一声把天叫亮。

此诗约作于748年—756年王昌龄贬龙标尉时，是在一个清冷的“橘柚香”的秋天，送别友人魏二的宴会上所创作。全诗虚实结合，借助想象，拓展了表现空间，扩大了意境，深化了主题，有朦胧之美。

王昌龄（698—757年），字少伯，京兆长安（今陕西西安）人。盛唐著名边塞诗人，后人誉为“七绝圣手”，其诗以七绝见长。早年贫贱，困于农耕，年近不惑，始中进士。与李白、高适、王维、王之涣、岑参等交情深厚。安史之乱时为刺史闾丘晓所杀。

送别

王维

山中相送罢，日暮掩柴扉。
春草明年绿，王孙归不归？

Parting in the Hills

Wang Wei

I see off the hills my compeer;
At dusk I close my wicket door.
When grass turns green in spring next year,
Will my friend come with spring once more?

送你走时，也送走了落日，小径卷起鸟声，暮色轻轻帮我关好了柴门。你坐过的椅子，山中的夜晚，突然觉得好空旷。

很想问问你，明年春草如绿水一般漫过来时，你会不会和春天一起回来？你还没出山，我已经开始想你了……

一首别致的送别诗。不写送别，写送别后特别孤单想念的夜晚。平凡的素材、温暖的细节、朴素的语言，直白地表达了自己对朋友的在乎和留恋，越简单的文字越动人。

送梓州李使君

王维

万壑树参天，千山响杜鹃。

山中一夜雨，树杪(miǎo)百重泉。

汉女输橦(tóng)布，巴人讼芋田。

文翁翻教授，不敢倚先贤。

Seeing Li off to Zizhou

Wang Wei

The trees in your valley scrape the sky,
You'll hear in your hills cuckoo's cry.
If it rained at night in your mountain,
You'd see your tree tips hung like fountain.
Your women weave to make a suit,
You'd try to solve people's dispute.
The sage before you opened schools,
Like him you should carry out rules.

梓州，山川壮美，风景秀丽。千山翠，万壑幽，山林间的杜鹃啼鸣喧闹不歇。

一夜大雨，树梢接住了整个雨夜，在枝叶间分成百道飞瀑，水声响彻山谷。

但是，那里的女子辛劳地用橦木花织成的布纳税，那里的农人也常因争芋田发生诉讼。

任重而道远。望你能重振文翁的精神，重施教化，翻新吏治，不要倚仗着先贤的遗泽不思进取、碌碌无为。

此诗是盛唐诗人王维为李使君入蜀赴任而创作的送别诗。难得全诗没有一般送别诗的伤感情绪，格调高远明快，是唐诗中写送别的名篇之一。

送秘书晁监还日本国

王维

积水不可极，安知沧海东。
九州何处远？万里若乘空。
向国唯看日，归帆但信风。
鳌身映天黑，鱼眼射波红。
乡树扶桑外，主人孤岛中。
别离方异域，音信若为通！

Seeing Secretary Chao Back to Japan

Wang Wei

The sea is far and wide.
Who knows the other side?
How far is it away?
A thousand miles, you say.
Look at the sun, oh, please!
Your sail should trust the breeze.
Turtles bear the dark sky;
Giant fish raise waves high.
When you are in your isle,
There're trees from mile to mile.
Though we're separated for long,
Would you send me your song?

大海辽阔浩渺好像到不了尽头，那怎么又能知道大海以东是什么样的地方。

九州以外哪里最远呢？相隔万里的日本就像远在天上一样。

你要在茫茫的大海上回到自己的国家，就要一直向着日出的方向。你要让归帆顺利带你回家，就得等待信风帮忙。

天黑，是海里的大海龟翻身把天都遮黑了；天亮，是海里的大鱼眼睛里的红光映亮了天际和波浪。

从此你将在扶桑外的乡野树木前独自远眺；从此你将作为孤岛中的主人孤单思念。

我们分别之后就要天各一方，怎么才能够音信互通呢？

此诗是盛唐诗人王维所作。天宝十二载（753年），以藤原清河为大使的日本第十三次遣唐使访华，并迎接鉴真和尚赴日传授佛法。十月，阿倍仲麻吕（中文名晁衡）陪同到扬州延光寺礼拜鉴真和尚，后即随同乘船返日探亲。临行前，王维等人作诗赠别。

闻王昌龄左迁龙标遥有此寄

李白

杨花落尽子规啼，闻道龙标过五溪。
我寄愁心与明月，随君直到夜郎西。

To Wang Changling Banished to the West

Li Bai

All willow-down has fallen and sad cuckoos cry
To hear you banished southwestward beyond Five Streams.
I would confide no sorrow to the moon on high
For it will follow you west of the Land of Dreams.

子规鸟一声声啼叫着，催落杨花满径。正为鸟伤怀、为花伤心，突然又听说你被贬为了龙标尉。听说那个地方太远了，去上任要经过五条溪。

我把我的担心和祝福都托付给天上的明月了，让它派月光和清风陪着你，一直送你到夜郎以西。

当时李白在扬州，听说王昌龄被贬，遂写了这首诗寄给了他。

赠汪伦

李白

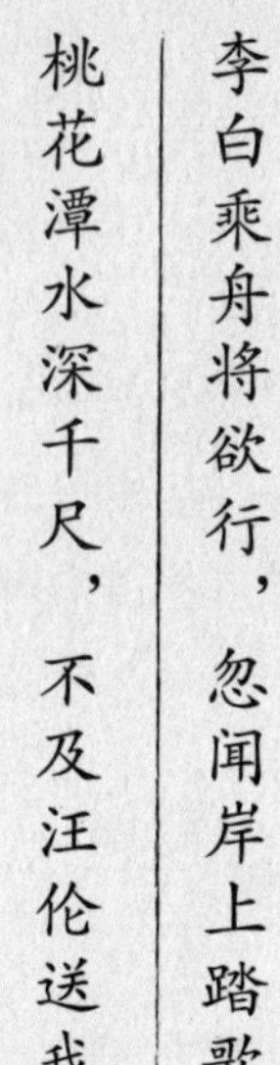

李白乘舟将欲行，忽闻岸上踏歌声。
桃花潭水深千尺，不及汪伦送我情。

To Wang Lun Who Comes to Bid Me Farewell

Li Bai

I, Li Bai, sit aboard a ship about to go,
When suddenly on shore your farewell songs o'erflow.
However deep the Lake of Peach Blossoms may be,
It's not so deep, O Wang Lun! as your love for me.

人生难得相见欢，可惜终须离别。当船儿像一片叶子离开大树似的慢慢飘离岸边，船头的李白突然听见，岸上传来朋友汪伦踏歌送行的声音，而昨晚和汪伦把酒言欢的情景也一一浮现眼前……

就算桃花潭水真的有一千尺深，也比不上汪伦对我的情意深。

此诗是唐代诗人李白在泾县（今隶属于安徽宣城市）桃花潭游玩时写给朋友汪伦的留别诗。诗中的汪伦有说是诗人游历时认识的一个普通村民，又有说他是李白、王维关系很好的朋友，经常以诗文往来赠答。开元天宝年间，汪伦为泾县县令，后任满辞官，居桃花潭。此诗或为那时李白到访后所作。格调清新自然，想象丰富奇特，感情朴素真挚。这是李白流传最广的诗作之一。

灞陵行送别

李白

送君灞(bà)陵亭，灞水流浩浩。
上有无花之古树，下有伤心之春草。
我向秦人问路歧，云是王粲(càn)南登之古道。
古道连绵走西京，紫阙落日浮云生。
正当今夕断肠处，骊歌愁绝不忍听。

Farewell at the Old Pavilion

Li Bai

We part at the Pavilion Old;
The river flows its water cold.
Above we see trees not in bloom.
Below the vernal grass in gloom.
I ask a wanderer if we go astray;
He says an ancient poet took this way.
The way extends to the west capital,
Where floating clouds at sunset veil the palace hall.
Heart-broken here and now I part with you.
How can we bear to hear songs of adieu?

送你送到灞陵亭，离情如灞水浩荡奔流不息。

抬头见无花古树发人思古幽情，低头见萋萋春草催人，离情顿生。

我向当地的秦人问路，他们说这就是当年王粲南下时走的古道。

沿着古道可以一直走到都城长安，可惜那里辉煌的落日和紫色的宫殿已经被乌云遮蔽。

正是离人夕阳断肠时，忽然传来骊歌声声，恨不能把耳朵像关门一样关紧，不听见也许就不会更伤心。

唐代诗人李白作于唐玄宗天宝二年（743年）或天宝三年（744年）春。诗中抒写行者和送行者的离情别绪，同时蕴含着作者对政局的忧虑。全诗运用灞水、紫阙、古树、春草等意象，构成了一幅令人心神激荡的景象，也透露出一种世事浩渺的意味。

鲁郡东石门送杜二甫

李白

醉别复几日，登临遍池台。
何时石门路，重有金樽开。
秋波落泗水，海色明徂徕。
飞蓬各自远，且尽手中杯。

Farewell to Du Fu at Stone Gate

Li Bai

Before we part we've drunk for many days
And visited all the scenic spots and ways.
When at the Stone Gate shall we meet and drain
Our brimming golden cups of wine again?
The autumn waves of River Si still flow;
The seaside mountains stand in morning glow.
You'll go away as thistledown will fly.
So let us fill our cups and drink them dry.

眼看着离那杯大醉而别的送行酒越来越近了，我们的足迹也遍及周边的池苑楼台，多想与你一起看尽天下纷繁秀美的风物山川。

什么时候能在石门山前的路上再相见，沐天，席地，上银盘，开金樽，那样的欢喜值得盛宴以待、开怀痛饮。

看熠熠秋光落在波光粼粼的泗水河上，看璨璨海色映亮徂徕山黛色的草木山岚。

我们都如飞蓬一般，终将各自飘零，不知朝夕，难料西东。不如就此一醉，将手中酒杯喝空，暂留住眼前片刻欢愉。

此诗约写于745年的秋天。是李白为诗人杜甫写的送别诗。此诗以“醉别”为开始，以杯尽为结束，首尾呼应，一气呵成。诗中的山水隽美秀丽，生活气息浓厚，以情动人，以美感人，充满诗情画意。

送友人入蜀

李白

见说蚕丛路，崎岖不易行。
山从人面起，云傍马头生。
芳树笼秦栈，春流绕蜀城。
升沉应已定，不必问君平。

To a Friend Departing for Shu

Li Bai

Rugg'd is the road, I hear,
Built by the pioneer.
In front steep mountains rise;
Beside the steed cloud flies.
O'er plank-way trees hang down;
Spring water girds the town.
Decid'd our rise and fall,
Do not bother at all!

听说入蜀的路上处处层峦叠嶂，蜀道艰险崎岖不易通行。

山崖峭壁贴着人脸突兀而起，山间浮云挨着马头翻涌升腾。

开着香花的树木掩映着由秦入蜀的栈道，一江春水环绕着蜀地的都城。

一个人的沉浮早就命中注定，用不着去问善卜的君平。

这首诗是唐代诗人李白在唐玄宗天宝二年（743 年）友人入蜀时所作。当时诗人受到朝廷权贵的排挤。

别严士元

刘长卿

春风倚棹(zhào)阖(hé)闾(lǘ)城，水国春寒阴复晴。
细雨湿衣看不见，闲花落地听无声。
日斜江上孤帆影，草绿湖南万里情。
东道若逢相识问，青袍今已误儒生。

Farewell to Yan Shiyuan

Liu Changqing

In vernal breeze outside town walls we stop our oar;
The cloudy weather turns fine on chilly river shore.
Our gowns are wet with drizzling rain although unseen;
The flowers fall at leisure unheard by ears keen.
Your lonely sail sets off at sunset on the stream;
The grass will green for miles the southern shore in dream.
If you meet with some friends who inquire after me,
Tell them the blue-gowned petty official's carefree.

春风啊，和舟楫一起停靠在了苏州城外。一忽儿晴、一忽儿阴的春天啊，倒春寒依旧使人需要离人的酒杯烫暖。

春雨如丝不经意间就湿了衣裳，走在雨中的人浑然不觉。春花开了满树又落了一地，路过花树的人一点声音都没有听见。

夕阳下，看着你的船在江上慢慢远去，看着草色慢慢染绿湖堤，如惦念跟随，千里万里绵延不绝。

如果有相识的人问起我的境况，就说不过是已被一件青袍所误的一介书生，不过是年年依旧等春来送春去的一个闲人……

此诗为唐代诗人刘长卿所作。通过描写送别友人严士元途中所见景物，感慨宦海沉浮、朋友伤别，感叹怀才不遇、前途渺茫。全诗运用一连串“景语”来叙述事件的进程和人物的行动，画面生动，辞藻美丽，诗意浓厚。

悲陈陶

杜甫

孟冬十郡良家子，血作陈陶泽中水。
野旷天清无战声，四万义军同日死。
群胡归来血洗箭，仍唱胡歌饮都市。
都人回面向北啼，日夜更望官军至。

Lament on the Defeat at Chentao

Du Fu

In early winter noble sons of household good
Blended with water in Chentao mires their pure blood.
No more war cry under the sky on the vast plain;
In one day forty thousand loyal warriors slain.
The enemy came back with blood-stained arrows long;
They drank in market place and shouted barbarous song.
Our countrymen turned north their faces bathed in tears;
Day and night they expect the royal cavaliers.

初冬十月，那些从秦中各郡征召的士兵，一战后血流成河，让陈陶泽成了血水之泽。

战声已息的旷野一片空旷死寂，四万名士兵竟然同一天全部战死沙场。

叛军归来，箭镞上仍滴着血，还高唱着歌在长安街市上纵酒狂欢。

城里的百姓们向着北方号啕痛哭，日夜盼望官兵早点打回来，报仇雪恨，收复长安。

唐肃宗至德元载（756年）冬，唐军跟安史叛军在陈陶泽作战，唐军四五万人几乎全军覆没，血染陈陶战场。诗人杜甫这时被困在长安，诗即为这次战事而作。

春日忆李白

杜甫

白也诗无敌，飘然思不群。
清新庾（yǔ）开府，俊逸鲍参军。
渭北春天树，江东日暮云。
何时一樽酒，重与细论文。

Thinking of Li Bai on a Spring Day

Du Fu

A poet unequalled by a compeer,
Your fancy flies into celestial sphere.
You freshen up the earth like vernal shower
And beautify the world like brilliant flower.
A towering tree under northern sky,
A floating eastern cloud of sunset dye.
When can we drink together cups of wine
And talk about fine verse and letters fine?

李白的诗好得没有人比得上，他那犹如神赐的才思几乎超越了所有人。

他的诗作清新自然如诗人庾信，他的诗作俊逸脱俗如诗人鲍照。

我在渭北常对着春天葱绿的树木想起你，想象也许你常看着日暮嫣红的云霞想起我。

什么时候咱们能再相聚，和从前一样把酒论诗。

杜甫居长安时为诗人李白而作。诗中对李白赞誉有加，怀念之情倾杯而出，真挚感人。“清新庾开府，俊逸鲍参军”是流传千古的名句。

再授连州至衡阳酬柳柳州赠别

刘禹锡

去国十年同赴召，渡湘千里又分歧。
重临事异黄丞相，三黜名惭柳士师。
归目并随回雁尽，愁肠正遇断猿时。
桂江东过连山下，相望长吟有所思。

Farewell to Liu Zongyuan in Exile

Liu Yuxi

Recalled together after an exile of ten years,
Again we're banished for long miles and say adieu.
We reappear but unlike our noble compeers;
Thrice in exile I feel I'm unworthy of you.
We watch returning wild geese till they're out of sight;
We're sad to hear the monkey wail with broken heart.
The Western River flows far from the Southern height.
Longing for each other, can we be kept apart?

我们有多么相似的命运啊，被贬离京十年后同时接诏赴京，又同时再被贬到边远之地。难得一路与你同行千里，说诗论事喝酒赏花，也是意外的惊喜。可惜渡过湘江后就得分道而行了。

再次任连州刺史，但我与西汉时清名满天下的黄丞相两次出任颍川太守的情况完全不一样，也比不上因坚持正确的政见而三次被贬的柳下惠。

正想家时看见向着故乡北飞的大雁，都已经看不见了，我还舍不得把目光收回来。正伤心时偏偏听到凄厉的猿啼声，一声声让人肝肠寸断。

所幸我们还共有一条桂江，以后每当你看见东流的桂江水，就当是我来看你了……

此诗是唐代诗人刘禹锡作于唐宪宗元和十年（815年）夏初。

十年前他和挚友柳宗元因参与王叔文革新活动，被贬放湖湘远郡。是年正月刚得召还长安，时仅一月，因游玄都观，写了《元和十年自朗州至京戏赠看花诸君子》一诗，触怒权贵，又被排挤到更加荒远的岭南州郡去。

而柳宗元这时也再次被贬为柳州刺史。两人同行至衡阳分手，柳宗元作诗赠刘禹锡，后者作此诗回应。全诗行文流畅、用典贴切，诗情厚重凝练，感人肺腑。

重赠乐天

元稹

休遣玲珑唱我诗，我诗多是别君词。
明朝又向江头别，月落潮平是去时。

Parting Again with Bai Juyi

Yuan Zhen

Don't let the songstress sing my songs anew!
Most of them are farewell poems for you.
Tomorrow again we'll part by riverside,
Alas! At moonset when outflows the tide.

不要再让玲珑姑娘唱我的诗了，我写的大都是和你离别的心情，越听越伤心，这临行的酒还怎么喝得下去……

明天又是江边离别，我们都安安静静的，一起看着月亮静静落入江中，看着潮水缓缓退去，看着太阳慢慢升起，然后相互拱手弯腰道别……

这是唐代诗人元稹写给挚友白居易的一首七绝。可能作于长庆三年（823年）元稹调任浙东观察使兼越州刺史之后的一段时间内，那时白居易以中书舍人为杭州刺史。诗中描写了作者对白居易离去的依依惜别之情。全诗纯是口头语，内容单纯，但呼告语气的运用，音韵上的反复，结构上的呼应，让诗产生了一种先声夺人和萦回不已的余韵，生动地表达了诗人百转千回的离情别绪。

元稹（779—831年），唐代诗人，字微之，河南（治今河南洛阳）人。早年家贫，唐德宗贞元九年（793年）举明经科，贞元十九年（803年）举书判拔萃科，曾任监察御史，因得罪宦官及守旧官僚，遭到贬斥。后转而依附宦官，官至同中书门下平章事，最后以暴疾卒于武昌军节度使任所。与白居易友善，常相唱和，共同倡导新乐府运动，世称“元白”。有《元氏长庆集》六十卷，补遗六卷，存诗八百三十余首。

寄扬州韩绰判官

杜牧

青山隐隐水迢迢，秋尽江南草未凋。
二十四桥明月夜，玉人何处教吹箫？

For Han Chuo, Judge of Yangzhou

Du Mu

The dreaming green hills stretch as far as the blue streams;
At autumn's end grass seems still green on southern shore.
Twenty-four fairies on the bridge steeped in moonbeams,
Are they still playing on the flute now as before?

青山逶迤如锦叠罗砌，绿水绵延如丝织绸纺，不离不弃，山水相依。眼见着秋天将尽，江南依然草木青青，宛如春天从未远离。

当月亮提灯俯身默诵绝句短章般的二十四桥时，你会坐在哪座桥上的月光里教人吹箫弄笛？

这首诗刻画了深秋的扬州草木葳蕤、乐声悠扬的闲适生活，以及诗人对过去生活的怀念。全诗意境优美，犹如一幅水墨画，清丽隽永。

杜牧（803—853年），唐代诗人。字牧之，京兆万年（今陕西西安）人，宰相杜佑之孙。太和二年（828年）进士，曾为江西观察使、宣歙观察使沈传师和淮南节度使牛僧孺的幕僚，历任监察御史，黄州、池州、睦州刺史，后入为司勋员外郎，官终中书舍人。爱在诗文中指陈时政。写景抒情的小诗，多清丽生动。人谓之小杜，和李商隐合称“小李杜”，以别于李白与杜甫。有《樊川文集》二十卷传世。

宣州送裴坦判官往舒州，时牧欲赴官归京

杜牧

日暖泥融雪半消，行人芳草马声骄。
九华山路云遮寺，清弋江村柳拂桥。
君意如鸿高的的，我心悬斾pèi正摇摇。
同来不得同归去，故国逢春一寂寥。

Farewell to Pei Tan, Judge of Xuancheng, upon Going Back to the Capital

Du Mu

The snow in warming sun has half melted away;
You who will go on fragrant grass hear your horse neigh.
Over the mountain path clouds veil the temple drear;
The willow tips caress the bridge on River Clear.
Your ideal will fly up as high as the wild geese;
My mind still flutters like a streamer in the breeze.
Coming together, I cannot go back with you.
How lonely I'd feel at home when spring comes anew!

煦日春暖，寒风退席，积雪散场，草色覆盖了葱茏的新路，人声马声花开声跟着春天一路行来，连续不断。

九华山路上云雾缭绕，寺庙隐约幻美如仙境。清戈江村边杨柳依依，春风踮脚走过青石桥面。

你踌躇满志如高飞的鸿雁，我的心却如风中的旗帜飘忽不定。

我们当初一同从京城来到宣州任职，现在却不能一起回去，就算我回到了春光明媚的京城，想起你也会倍感孤寂。

此诗为晚唐诗人杜牧作于开成四年（839年）春，在宣州（治所在今安徽宣城）做官的杜牧即将离任，回京任职。杜牧的朋友，在宣州任判官的裴坦要到舒州（治所在今安徽潜山）去，杜牧为他送行，并赋此诗相赠。既表达了对友人的惜别之情，又抒发了自己不得朝廷重用的郁闷。

别离

陆龟蒙

丈夫非无泪，不洒离别间。
杖剑对尊酒，耻为游子颜。
蝮蛇一螫shì手，壮士即解腕。
所志在功名，离别何足叹。

Parting

Lu Guimeng

A hero may shed tears,
Not when parting with peers.
Sword in hand, he drinks wine,
Unlike roamers who pine.
When bitten by the snake,
He would have his wrist break.
With his career at heart,
He won't regret to part.

大丈夫何尝没有眼泪，只是不愿将眼泪浪费在离别这样的小事上。

哪怕是面对伤感的送行酒，也要舞剑高歌、慷慨痛饮，绝对不会如同一般游子为去国怀乡郁郁寡欢、借酒浇愁。

被蝮蛇攻击伤了手，是条汉子就断腕自救绝不犹豫。

既然平生所愿就是叱咤风云、建功立业，哪里还会为离别而焦虑叹息。

此诗为唐代诗人陆龟蒙所作。此诗一反古代离别诗写离愁别恨的窠臼，而是写得慷慨激昂、荡气回肠，一个胸怀大志的大丈夫形象跃然纸上。

陆龟蒙（约830—约881年）唐代文学家、农学家。字鲁望，自号江湖散人、甫里先生，又号天随子，苏州姑苏（今江苏省苏州市）人。喜读书，嗜茶好酒，常泛舟太湖。诗文赋俱佳，与皮日休齐名，世称“皮陆”。和皮日休唱和诗极多，曾编为《松陵集》。古诗受韩愈影响较大，多用僻典、怪字，铺张奇崛。但近体诗，尤其七言绝句，平淡真切。诗作内容多写隐居田园的闲适，但亦时涉国事民生、世俗士风。有《笠泽丛书》《甫里集》。

送日本国僧敬龙归

韦庄

扶桑已在渺茫中，家在扶桑东更东。
此去与师谁共到，一船明月一帆风。

Farewell to a Japanese Monk

Wei Zhuang

The land of mulberry is in the boundless sea;
Your home's farther east to the land of mulberry.
Who would arrive with you at the land of your dreams?
A sail unfurled in wind, a boat steeped in moonbeams.

扶桑是太阳升起的地方，想象中已经遥不可及。而你的家却还远在扶桑东面的东面。

这次你是和谁一起回到家乡的呢？满满一船月光，轻轻一帆好风。

这是唐代文学家韦庄为送别日本僧人归国而作。诗中的明月和风两个意象，既表达了美好的祝愿，又勾勒了一幅美妙的海月舟行的画面，令人浮想联翩。

韦庄（约836—910年），唐末五代诗人、词人。字端己，长安杜陵（今西安）人。唐朝乾宁元年（894年）中进士，官至前蜀吏部侍郎兼平章事，终于蜀。他的诗词都很著名，诗极富画意，词尤工。与温庭筠同为“花间派”重要词人，有《浣花集》。

送友游吴越

杜荀鹤

去越从吴过，吴疆与越连。
有园多种橘，无水不生莲。
夜市桥边火，春风寺外船。
此中偏重客，君去必经年。

Seeing a Friend off to the South

Du Xunhe

You go from north to south,
From land to river mouth.
Oranges in gardens loom;
Lotus on water bloom.
The night fair's bright as day;
Outside temples boats stay.
Welcome from far and near
Would make you stay a year.

你如果去越地，肯定会经过吴地，因为吴越两地相互接壤、鸡犬相闻。

那里的园子里大多种着橘树，春天一树橘花的香，可以芬芳一个村庄；那里有水的地方都种着莲，夏天莲花含苞亭立，如饱蘸粉墨的毛笔想要给天空写信。

吴越是富庶繁华之地，桥边的夜市红红火火，繁灯如星；寺外的江边舳舻辐辏，春风浩荡。

吴越之地风景如画，吴越之人盛情好客，你这次去了肯定会流连忘返，会在那里待很久。

此诗为晚唐诗人杜荀鹤所作的送别诗，为即将去吴越之地的友人介绍那里的美好风光。

杜荀鹤（约846—约904年），字彦之，号九华山人，池州石埭（今安徽石台）人。他出身寒微，是晚唐著名的现实主义诗人，才华横溢，仕途坎坷，但在诗坛享有盛名。他提倡写诗要继承风雅传统，反对浮华，其诗作平易自然，朴实明畅，清新秀逸。后人称之为“杜荀鹤体”。

山中

王勃

长江悲已滞，万里念将归。
况属高风晚，山山黄叶飞。

In the Mountains

Wang Bo

The Long River grieves over my long stay,
For my home is a thousand miles away.
Now blows the evening wind so high;
From mountain to mountain yellow leaves fly.

已是深秋，漫行山间，不知不觉间，被层层叠叠渐浓的秋色推搡着到了山顶。

遥看长江，水流缓慢，也许是为我难过得哽咽着挪不动步吧。遥念故乡，万里迢迢，家人应该天天在念叨着我的归期吧。

况且，这秋天，这向晚的寒风，这一山接着一山漫卷纷飞的黄叶，分明是自然草木准备好的一曲骊歌……

这是一首写旅愁乡思的诗，创作于唐高宗咸亨二年（671年），诗人旅蜀后期。诗人以寥寥二十个字，借滚滚长江和山山黄叶抒情，写出了悲凉壮阔的思乡之情。

王勃（约650—676年），唐代诗人。汉族，字子安。绛州龙门（今山西河津）人。王勃与杨炯、卢照邻、骆宾王齐名，世称“初唐四杰”，其中王勃是“初唐四杰”之首，有“天才”之称，可惜只活了二十六岁，流星一般英年早逝，留下不足百首作品，《滕王阁序》《送杜少府之任蜀州》为代表。

第三章

停云×落月

CHAPTER THREE

Remembrance of friends and relatives

过故人庄

孟浩然

故人具鸡黍，邀我至田家。
绿树村边合，青山郭外斜。
开轩面场圃，把酒话桑麻。
待到重阳日，还来就菊花。

Visiting an Old Friend's Cottage

Meng Haoran

My friend's prepared chicken and rice;
I'm invited to his cottage hall.
Green trees surround the village nice;
Blue hills slant beyond city wall.
Windows open to field and ground;
O'er wine we talk of crops of grain.
On Double Ninth Day I'll come round
For the chrysanthemums again.

老朋友来约，说是鸡已炖上、黄米饭已焖好，就等我出发去田庄。

远远的就看见绿树掩映、簇拥着炊烟袅袅的小村。白墙黑瓦的后面，是黛青色的山峦。

进村入屋。推开窗户，对着碧绿的菜畦，和萦绕着谷物暖香的打谷场，我们边举杯对饮，边闲话着桑麻等庄稼的收成。

临别又约，等到重阳节那一天，我们再一起赏着盛开的菊花好好醉一场！

这是一首描写农家恬静闲适生活的田园诗。语言朴实，意境清新。读诗，就如轻轻打开一幅画。

杂诗（其二）

王维

君自故乡来，应知故乡事。

来日绮窗前，寒梅著zhuó花未？

Our Native Place （II）

Wang Wei

You come from native place;
What happened there you'd know.
Did mume blossoms in face
Of my gauze window blow?

听说你是从故乡来的，肯定知道很多故乡的事吧？

那么，你可不可以告诉我，你来的那一日，雕花窗前的那棵梅树开花了没有？多少年了，它一直在我梦里开着花，无论春秋，无论冬夏……

这是一首写思乡之情的诗。诗人忽遇来自故乡的人，想要问的“故乡事”太多了，千言万语在喉，最后只问了一句“窗前那株寒梅开花了吗”，亲切、细腻、直白，这是一株让人冷不丁泪流满面的叫作乡愁的梅花。

寄东鲁二稚子

李白

吴地桑叶绿，吴蚕已三眠。
我家寄东鲁，谁种龟阴田？
春事已不及，江行复茫然。
南风吹归心，飞堕酒楼前。
楼东一株桃，枝叶拂青烟。
此树我所种，别来向三年。
桃今与楼齐，我行尚未旋。
娇女字平阳，折花倚桃边。
折花不见我，泪下如流泉。
小儿名伯禽，与姊亦齐肩。
双行桃树下，抚背复谁怜？
念此失次第，肝肠日忧煎。
裂素写远意，因之汶阳川。

For My Two Children in East Lu

Li Bai

Mulberry leaves in Southern land are green;
The silkworms thrice in sleep must have been.
In Eastern Lu my family stays still.
Who'd help to sow our fields north of Lu Hill?
It's now too late to do farm work of spring.
What then am I to do while traveling?
The southern wind is blowing without stop;
My heart flies back to my old familiar wine-shop.
East of the shop there's a peach tree oft missed;
Its branches must be waving in bluish mist.
It is the tree I planted three years ago;
If it has grown to reach the eaves, I don't know.
I have not been at home for three long years;
I can imagine my daughter appears
Beside the tree and plucks a flower pink,
Without seeing me, she must have, I think, shed copious tears.
My younger son has grown
Up to his sister's shoulders.
Beneath full-blown
Peach tree they stand side by side.
But who's there
To pat them on the back?
I feel, whene'er
I think of this,
so painful that I write
And send to them this poem on silk white.

眼见着，桑叶嫩绿青绿墨绿地一路绿过来，春蚕也已过了三眠，准备好了丝线，很快就要结茧。

我那寄居东鲁的家人不知怎么样了，家里那龟山北面的田地是谁在帮着耕种呢？

春日的农事不等人，我就算想坐船往回赶也未必赶得上了。

那南风吹送着我的思念，一程又一程，一直送到家附近的酒楼前。

楼的东面有一株桃树，枝繁叶茂，远看如笼罩着一树绿雾青烟。

这株桃树是我亲手种下，已经三年未见，应该已经长得和楼一样高了吧，可惜我还不能回去看看。

我有个娇巧的女儿叫平阳，她每天都去折一枝桃花，然后靠在桃树上等我。手折的花都蔫了还看不到我，她的眼泪像泉水汩汩不停歇。

我还有个可爱的儿子叫伯禽，也与姐姐一样高了。他们俩双双在桃树下嬉戏和思念，谁能怜惜地轻抚着肩背给他们鼓励和安慰？

一想到这些，我的心都乱了，天天在忧虑中煎熬，肝肠寸断。

撕一片素帛，写下我的思念，权当我又回到了家乡见到了汶阳川。

此诗是唐代大诗人李白因思念东鲁兖州（今山东济宁）家中的女儿平阳和儿子伯禽而作。全诗形同一封家书，语言朴素，笔触细腻，浓烈而真切的儿女亲情跃然纸上。

春夜洛城闻笛

李白

谁家玉笛暗飞声，散入春风满洛城。
此夜曲中闻折柳，何人不起故园情。

Hearing a Bamboo Flute on a Spring Night in Luoyang

Li Bai

From whose house comes the voice of flute of jade unseen?
It fills the town of Luoyang,spread by wind of spring.
Tonight I hear the farewell song of Willows Green
To whom the tune will not nostalgic feeling bring?

春天的夜晚，不知道是谁家突然有人吹起了玉笛，那笛声幽隐，流水一般，在街巷流转，跟着春风走遍了洛阳城。

人在异乡，听着这《折杨柳》的乐曲，谁能忍住不心生思乡之情？那屋檐下燕子的呢喃，那灶台上的饭菜香，那回不去的从前时光。

这首诗是唐玄宗开元二十二年（734年）或二十三年（735年）李白游洛城（即洛阳）时所作。洛阳在唐代是一个很繁华的都市，时称东都。此诗抒发了诗人在夜深人静之时被笛声引起的思乡之情。其前两句描写笛声随春风而传遍洛阳城，后两句写因闻笛而思乡。感情真挚，余韵无穷。

题大庾岭北驿

宋之问

阳月南飞雁，传闻至此回。
我行殊未已，何日复归来。
江静潮初落，林昏瘴(zhàng)不开。
明朝望乡处，应见陇头梅。

At the Northern Post of the Peak of Mumes

Song Zhiwen

In the tenth moon wild geese south fly;
They will turn back at this peak high.
But I must farther southward go.
When may I come back? Do you know?
The river's calm when ebbs the tide;
Dense fog darkens the forest wide.
Tomorrow looking for my homeland,
I can only see mume trees stand.

十月南飞的大雁，听说飞到这里就可以转头飞回家了。

可是我的行程还远，还得继续，不知道什么时候才能回来。

天色向晚。那潮水如歌散去，江上一片寂静；那树林里瘴气萦绕，前路荒凉迷离。不由得人不心生悲戚。

明天早晨站在高高的大庾岭上，应该可以看见岭上初绽的梅花吧？

此诗为唐代诗人宋之问所作。大约是唐中宗神龙元年（705 年）宋之问被贬泷州（今广东罗定东南）途经大庾岭北驿时，眼望那苍茫山色，想到一岭之隔，从此咫尺天涯，他那迁谪失意的痛苦、怀土思乡的忧伤一起涌上心头，于是写了好几首诗。此诗是其中一首。

除夜作

高适

旅馆寒灯独不眠，客心何事转凄然。

故乡今夜思千里，霜鬓明朝又一年。

Written on New Year' s Eve

Gao Shi

Sleepless alone at an inn by cold lamplight,
Why should a roamer feel so sad and drear?
Thinking of my home far away tonight,
I'll have more frosty hair in the new year.

除夕夜，一个人，一盏灯，在旅舍，孤枕难眠。是什么让我这个异乡人的心忽而欣喜忽而凄惶？

是想着故乡今夜会不会有人想起千里之外的我，抑或是感叹自己的两鬓啊，一年比一年白了……

这首诗文字精练含蓄，被认为是达到了“意尽”和“添著一语不得”的艺术效果。写出了除夕夜时，作者单身一人、身在异乡的孤苦，对千里之外故乡亲人的思念，以及对时光流逝之快的感叹。

高适（704—765年），字达夫，沧州渤海县（今河北省景县）人。唐朝边塞诗人，安东都护高侃之孙。天宝八年（749年），进士及第，授封丘县尉。天宝十五年（756年），护送唐玄宗进入成都，擢谏议大夫。出任淮南节度使，讨伐永王李璘叛乱，讨伐安史叛军，解救睢阳之围，历任太子詹事、彭蜀二州刺史、剑南东川节度使。广德二年（764年），入为刑部侍郎、左散骑常侍，册封渤海县侯。与岑参、王昌龄、王之涣合称“边塞四诗人”，著有《高常侍集》二十卷。

月夜

杜甫

今夜鄜(fū)州月，闺中只独看。
遥怜小儿女，未解忆长安。
香雾云鬟湿，清辉玉臂寒。
何时倚虚幌，双照泪痕干。

A Moonlit Night

Du Fu

On the moon over Fuzhou which shines bright,
Alone you would gaze in your room tonight.
I'm grieved to think our little children are
Too young to yearn for their father afar.
Your cloudlike hair is moist with dew, it seems;
Your jade-white arms would feel the cold moonbeams.
O when can we stand by the windowside,
Watching the moon with our tear traces dried?

今晚鄜州的月亮一定很好，可惜只能你一个人在家里看了。

好心疼年幼的儿女，他们还不懂你为何思念长安，也无法安慰你。

记得别在月亮下站太久了，沾了花香的夜雾会打湿你的头发和衣裳，莹亮清寒的月光会让你着凉。

什么时候我们才能相聚，一起挨着窗幔，执手看月，互拭泪痕。那样的月夜啊，只有欢喜没有悲伤……

唐代诗圣杜甫所作。天宝十五载（756年）春，安禄山由洛阳攻潼关。五月，杜甫从奉先移家至潼关以北的白水（今陕西白水县）的舅父处。六月，长安陷落，玄宗逃蜀，叛军入白水，杜甫携家逃往鄜州羌村。七月，肃宗在灵武（今宁夏灵武市）即位，杜甫获悉即从鄜州只身奔向灵武，不料途中被安史叛军所俘，押回长安。八月，作者被禁长安，望月思家而作此诗。诗中借看月而抒离情，但抒发的不仅仅是夫妇离别之情，字里行间，家国离乱之痛和内心之忧熔于一炉。

月夜忆舍弟

杜甫

戍鼓断人行，边秋一雁声。
露从今夜白，月是故乡明。
有弟皆分散，无家问死生。
寄书长不达，况乃未休兵。

Thinking of My Brothers on a Moonlit Night

Du Fu

War drums break people's journey drear;
A swan honks on autumn frontier.
Dew turns into frost since tonight;
The moon viewed from home is more bright.
I've brothers scattered here and there;
For our life or death none would care.
Letters can't reach where I intend;
Alas! The war's not come to an end.

戍鼓声声，封停了行人奔走的念想和脚步。不见人，也不见灯，远远传来一只孤雁的几声哀鸣，在边塞的秋夜里，很脆很轻。

白露今夜抵达，莹白的露水将洗亮草木的茎叶使其芬芳。月光虽好，可惜还是比不上心里老家堂前的清亮。

虽然有几个弟弟，都散居各处。虽然有故乡，已经无家人等候。就算回去，也是四顾茫然，无处探听亲人的消息。

一封接一封地寄信，从来没有收到回音。也许亲人从没收到那些信，毕竟战争还在继续。

此诗是杜甫在唐肃宗乾元二年（759 年）秋所作。当时杜甫弃官携家客居秦州（治所在今甘肃天水），距安史之乱爆发已有四年。诗中表达了对战事阻隔、音信不通的忧虑和对亲人的思念。

逢入京使

岑参

故园东望路漫漫，双袖龙钟泪不干。
马上相逢无纸笔，凭君传语报平安。

On Meeting a Messenger Going to the Capital

Cen Shen

I look eastward, long, long my homeward way appears;
My old arms tremble and my sleeves are wet with tears.
Meeting you on horseback, with what brush can I write?
I can but ask you to tell my kin I'm all right.

西行日久，离家渐远。回头已望不见故乡长安的山川，耳边也听不见乡音了。不知不觉悲从中来，任凭泪水肆意湿透了衣袖，模糊了双眼。

突然巧遇回长安的旧识，很想让他带封家信回去，可是人在马上，无法研墨挥毫落纸，只能带个口信报平安。

此诗为唐代诗人岑参所作。749年，已三十四岁，半生仕途不如意的诗人远赴安西（今新疆库车市）上任，途中遇见一位返京的故人，想托他带封信回家，可在马上又没有纸笔，只好带个口信报平安，聊寄乡愁，遂成诗。

岑参（715—770年），唐代诗人，荆州江陵（今属湖北）人。天宝三年（744年）进士。工诗，长于七言歌行。对边塞风光、军旅生活以及少数民族的文化风俗有独特的感受，所以边塞诗佳作较多。与高适并称“高岑”，同为盛唐边塞诗派的代表。有《岑嘉州诗集》。

行军九日思长安故园

岑参

强欲登高去，无人送酒来。
遥怜故园菊，应傍战场开。

Thinking of Home while Marching on Mountain-climbing Day

Cen Shen

Up the mountain I'd force myself to go,
But nobody would bring me wine around.
Chrysanthemums of my homeland should blow
To beautify the far-off battleground.

又是重阳，纵然战乱，纵然走了很远的路，我还是愿意随俗去登高望远。可惜没有人会像当年王弘给李白送酒一样，来与我一起对饮。

无菊、无酒、无故人，空山、空杯、空月明。天可怜见，那无人怜惜的长安城的菊花啊，挨着战场自顾自怜自芬芳四溢……

此诗是唐代诗人岑参所作。以重阳登高为题，表达的不是一般的节日思乡，而是对国事的忧虑和对战乱中人民疾苦的深深关切。全诗语言朴实，构思精巧，是耐人寻味的佳作。

喜外弟卢纶见宿

司空曙

静夜四无邻，荒居旧业贫。
雨中黄叶树，灯下白头人。
以我独沉久，愧君相见频。
平生自有分，况是蔡家亲。

My Cousin Lu Lun's Visit

Sikong Shu

I feel lonely on quiet night,
A poor scholar in a sad plight.
A yellow-leafed tree in the rain,
By lamplight but white hairs remain.
Alone I have sunk low for long,
Still you would come to hear my song.
It's fate for us to meet or part,
But we are cousins dear at heart.

独处僻野，四顾无邻。清贫人家的雨夜多么荒凉寂静。

雨中纷纷凋落的黄叶树，灯下枯坐的白发老人，总让人想起命运的无奈和无情。

好惭愧我一直没什么出息，愧对你一直以来对我的探望和关心。

能成为诗友是我们命中注定的缘分，更何况我们还是真的宗亲。

此诗为唐代诗人司空曙所作。他和卢纶都在“大历十才子”之列，诗歌功力相当，又是表兄弟。因表弟前来探访家境清寒、宦途坎坷的自己并留宿而有感而发。

司空曙（720—790 年），字文初，唐代诗人，广平府（今河北省邯郸市永年区）人，约唐代宗大历初前后在世。司空曙为人磊落有奇才，与李约为至交，是“大历十才子”之一。他的诗多幽凄情调，诗中常有好句，如后世传诵的“乍见翻疑梦，相悲各问年”，像是不很着力，却能触人心弦。

夏夜宿表兄话旧

窦叔向

夜合花开香满庭，夜深微雨醉初醒。
远书珍重何曾达，旧事凄凉不可听。
去日儿童皆长大，昔年亲友半凋零。
明朝又是孤舟别，愁见河桥酒幔青。

Talking with My Cousin One Summer Night

Dou Shuxiang

The courtyard's fragrant with flowers blowing at night;
When night is deep, we wake from wine in drizzling rain.
We've not received from far away letters we write;
It's hard to talk about the bygone days with pain.
The children of the past have all grown tall and high;
Half of our friends and kinsmen are gone and departed
Tomorrow when my lonely boat bids you goodbye,
Can we, seeing the streamers, not be broken-hearted?

微雨夏夜，小醉初醒。静静坐在庭院，任花香如轻雾漫过青苔，漫过鞋面。

和表兄聊起别离这些年，也曾写信互道珍重，但都收不到只言片语，今夜终于可以相对秉烛畅聊，那些凄凉伤心的往事却是不忍再提。

日子过得多快啊，当年的小孩子都长成了大人，过去的亲友一大半已经不在了。

明天早上又要孤单单地乘船离开，真是好怕看见那河桥下青青的酒幔，和那一杯饯行的酒。

此诗为唐代诗人窦叔向所作。诗人在唐代宗时为宰相常衮赏识，仕途顺利平稳。而当德宗即位，常衮罢相，他也随之贬官溧水令，全家移居江南。此诗约作于诗人出为地方官之后的一个夏天，风格平易近人，语言亲切平实，如促膝谈心般真实动人。被誉为十分难得的“情文兼至”的佳作。

窦叔向，唐代诗人。字遗直，京兆（今陕西西安）人。工五言诗，名冠时辈。原有集七卷，已散佚。《全唐诗》存其诗九首。

题稚川山水

戴叔伦

松下茅亭五月凉，汀沙云树晚苍苍。
行人无限秋风思，隔水青山似故乡。

A Scenery like His Homeland

Dai Shulun

Summer is cool beneath thatched roof under the pine,
Clouds cast a gloom over the trees and the sand fine.
In autumn breeze the roamer will sink in a dream.
How like his homeland look hills beyond the stream?

五月了，夏风弯腰小跑过松树轻笼着的草亭，微微凉。暮色里，远远的沙洲和绿树隐入一片青郁苍茫。

赶路的行人行囊里最重的是乡思，总觉得青山绿水的地方都像故乡。

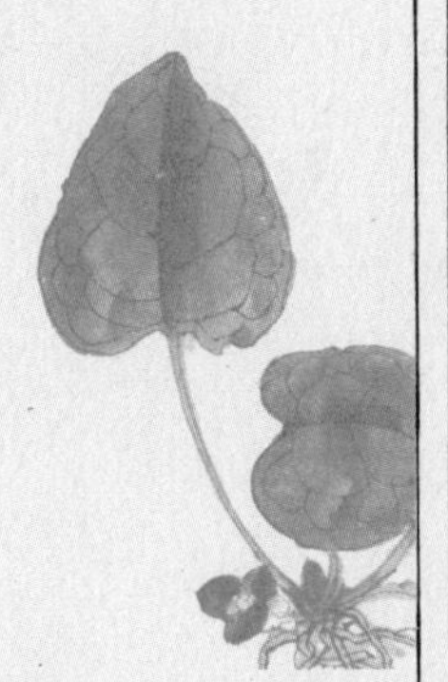

此诗是唐代诗人戴叔伦宦游途中创作的一首七言绝句，是一首描写江南山水风光的写景诗，意趣并不在山水，在抒发作者浓厚的思乡之情。

戴叔伦（732—789年），唐代诗人，字幼公，润州金坛（今江苏常州市金坛区）人。唐德宗贞元（785—805年）年间登进士第。他写过一些揭露社会矛盾、反映人民疾苦的乐府诗，如《女耕田行》《屯田词》等，也写过一些委婉清新的写景寄怀诗。明人辑有《戴叔伦集》。

淮上喜会梁州故人

韦应物

江汉曾为客，相逢每醉还。
浮云一别后，流水十年间。
欢笑情如旧，萧疏鬓已斑。
何因不归去？淮上有秋山。

Meeting with Friends on River Huai

Wei Yingwu

We met on River Huai;
Not till drunk did we go.
We went as clouds float by;
In ten years waves still flow.
We laugh as in old days,
Though our hair has turned white.
Why don't I go away?
I love autumn hills bright.

记得我们都曾客居江汉，每次相逢喝酒总是扶醉而归。

人如浮云易散，一别十年，时光如流水飞逝。

如今重逢我们欢笑如故情深依旧，可是却都已经鬓斑白、发稀疏地老了。

你问我为什么不回去，我只能说，因为这里的秋山太美。

此诗为唐代诗人韦应物在淮上（今江苏淮阴一带）喜遇梁州故人时所作。诗人当过唐玄宗的侍卫，曾飞扬跋扈，后来发愤读书，在江淮一带做过县令和刺史。这首诗里的故人是他十年前在梁州江汉一带客居时交往过的老友。

韦应物（737—791年），唐代诗人，京兆长安（今陕西西安）人。少年时以三卫郎为玄宗近侍。后为滁州和江州刺史、左司郎中、苏州刺史。其诗以写田园风物著名，语言简淡，与王维、孟浩然、柳宗元并称“王孟韦柳”。传世作品有《韦苏州集》。

淮上即事寄广陵亲故

韦应物

前舟已眇眇，欲渡谁相待？
秋山起暮钟，楚雨连沧海。
风波离思满，宿昔容鬓改。
独鸟下东南，广陵何处在？

For Kinsfolk and Friends at Guangling

Wei Yingwu

Gone is the ferry boat.
Who'll carry me afloat?
At dusk uphill bell rings;
Over seaside rain sings.
Grief saddens the waves cold;
My face and hair look old.
Southeast flies a lone bird;
Your voices can't be heard.

天将晚，暮色从江那头绵延过来，又将船影带去了遥远的天边。码头上不见一只渡船，谁能来帮我过河呢？

寺庙的晚钟响了，又停了，山里的余响很久还在。秋雨缠绵，穿针引线将天空和大海缝成了一片。

风雨中的离别让思念更深更重，曾经的沧桑让容颜不知不觉地改变了。

突然看见一只小鸟奋力向着东南的方向飞，它的家也在广陵吗？

唐代诗人韦应物在从扬州返回洛阳的途中所作，诗中写离别之情，用景物烘托、渲染气氛，使离情弥漫全诗，无时不在。风声、雨声、钟声和鸟影，都是离情。

寒食寄京师诸弟

韦应物

雨中禁火空斋冷，江上流莺独坐听。

把酒看花想诸弟，杜陵寒食草青青。

For My Brothers in the Capital on Cold Food Day

Wei Yingwu

No fire is made in empty room on rainy days;
I hear alone the riverside orioles' lays.
Drinking, I gaze on flowers and miss my brothers dear;
On Cold Food Day homeland grass grows green and drear.

细雨纷至，不见烟火的寒食节，小院空空荡荡，书房冷冷清清。江边独坐，静听柳莺一声声叫着，和着风声雨声。

好酒好花，让人忍不住想念远在京师的弟弟们。春色如墨，杜陵那一带应该已经是绿意深浅、草木如画了吧。

此诗为唐代诗人韦应物所作，写于唐德宗贞元二年（786 年）或三年（787 年）江州刺史任上。当时诗人遇上了寒食节，孤独、思乡之情更甚，于是便即兴写下了这首诗。

闻雁

韦应物

故园眇何处，归思方悠哉。
淮南秋雨夜，高斋闻雁来。

On Hearing Homing Wild Geese

Wei Yingwu

My native land's far, far away,
My nostalgia grows day by day.
Alone on rainy autumn night,
I hear homing wild geese in flight.

山重水复，老家已经远得分不清在哪个方向了。乡思深重，想家的心无处投奔也无处倾诉。

秋风秋雨都是离愁的兵马，轻易就攻陷了淮南的秋夜。独坐高楼，不时听见大雁远远地悲鸣着飞过来。

唐代诗人韦应物在唐德宗建中四年（783年）出任滁州（今安徽滁州）刺史时所写。整首诗描写了诗人对故土的怀念，意境凄清。

喜见外弟又言别

李益

十年离乱后，长大一相逢。
问姓惊初见，称名忆旧容。
别来沧海事，语罢暮天钟。
明日巴陵道，秋山又几重。

Meeting and Parting with My Cousin

Li Yi

We parted for ten war-torn years;
Not till grown up do we meet again.
At first I think a stranger appears;
Your name reminds me of your face then.
We talk of changes night and day
Until we hear the evening bell.
Tomorrow you'll go southward way
Over autumn hills, O farewell!

十年战乱流离后，没想到能意外相逢，可是相对已成了陌生人。

以为是初次见面，互问姓名，才惊讶地发现原来是一家人。凭着名字才慢慢想起了彼此小时候的样子。

聊不尽离别后的浮沉世事，不觉天黑，直至寺庙的晚钟突然响起。

明天你又要出发去巴陵郡了。秋天的山峦层林尽染多么美啊，可惜不知道又得等多久才能和你一起看了。

描写了诗人李益和表弟因乱离阔别之后，忽然相逢又匆匆别离的心情，抒发了人生聚散离合无定的感慨。全诗用白描的手法，语言凝练，细节生动，具有强烈的生活真实感。

左迁至蓝关示侄孙湘

韩愈

一封朝奏九重天，夕贬潮州路八千。
欲为圣明除弊事，肯将衰朽惜残年！
云横秦岭家何在？雪拥蓝关马不前。
知汝远来应有意，好收吾骨瘴江边。

Written for My Grandnephew at the Blue Pass

Han Yu

To the Celestial Court a proposal was made,
And I am banished eight thousand li away.
To undo the misdeeds I would have given aid,
Dare I have spared myself with powers in decay?
The Ridge veiled in barred clouds, where can my home be seen?
The Blue Pass clad in snow, my horse won't forward go.
You have come from afar and I know what you mean:
Not to leave my bones there where misty water flow.

早朝时上呈了一份奏章，傍晚就被贬到了八千里外的潮州。

原想着替皇上除去朝政弊端，根本没想过顾惜自己晚年生活是否安稳。

回头望，阴云笼罩着苍茫的秦岭，也不知道受了牵连的家人和家在哪里。立马蓝关，大雪封住了前行的路，马都不肯再走了。

侄孙啊，我知道你远道追随而来的心意，就难为你在瘴江边把我这把老骨头收了带走吧。

此诗为唐代诗人韩愈所作。元和十四年（819 年），时任刑部侍郎的韩愈因写了一篇《谏迎佛骨表》劝谏，触怒了唐宪宗，被贬为潮州刺史。韩愈大半生仕宦蹉跎，五十岁才因参与平淮而擢升刑部侍郎。两年后又遭此难，情绪十分低落。他只身一人走到蓝田关口时，他的妻儿还没有消息，只有他的侄孙子跟了上来，悲伤、委屈、愤懑的他写下了这首诗。

韩愈（768—824 年 12 月 25 日），字退之，河南河阳（今河南省孟州市）人。他是唐代中期大臣，文学家、思想家、政治家，秘书郎韩仲卿之子。宦海沉浮，累迁吏部侍郎，人称“韩吏部”。长庆四年（824 年），韩愈病逝，年五十七，追赠礼部尚书，谥号为“文”，故称“韩文公”。韩愈作为唐代古文运动的倡导者，名列“唐宋八大家”之首，有“文章巨公”和“百代文宗”之名。与柳宗元并称“韩柳”，与柳宗元、欧阳修和苏轼并称“千古文章四大家”。著有《韩昌黎集》等。

邯郸冬至夜思家

白居易

邯郸驿里逢冬至，抱膝灯前影伴身。
想得家中夜深坐，还应说着远行人。

Thinking of Home on Winter Solstice Night at Handan

Bai Juyi

At roadside inn I pass the Winter Solstice Day,
Clasping my knees, with my shadow in company.
I think, till dead of night my family would stay,
And talk about the poor lonely wayfaring me.

风冷，灯孤，冬至夜。一个人在邯郸客栈，只有影子陪着抱膝而坐的我。

都说冬至大如年，可以想象今夜家人们欢聚一屋，会坐着聊到深夜都舍不得睡，还应该会说起我这个远行在外的人。

唐代诗人白居易作于唐德宗贞元二十年（804 年）。冬至那天，白居易正宦游在外，夜宿于邯郸驿，想起家里亲人，有感而发。

望驿台

白居易

靖安宅里当窗柳，望驿台前扑地花。
两处春光同日尽，居人思客客思家。

For Roaming Yuan Zhen

Bai Juyi

Your wife gazes at yellowing willows at home;
You on flowers falling on the ground while you roam.
Spring comes to end in two places on the same day;
You think of home and she of you far, far away.

谁在靖安宅里对着窗前绵长飘拂的柳枝朝思暮想？谁在望驿台前对着一地的缤纷落花魂牵梦萦？

那春风同一天带走了两地的良辰美景好春光，带不走两地相思缱绻绵长。

这是唐代诗人白居易应和好友元稹的诗，约创作于元和四年（809年）三月。描述了身在四川广元的元稹和家居靖安里的妻子韦丛在春末相互思念的情愫。

望月有感

白居易

自河南经乱，关内阻饥，兄弟离散，各在一处。因望月有感，聊书所怀，寄上浮梁大兄、於潜七兄、乌江十五兄，兼示符离及下邽弟妹。

时难年荒世业空，弟兄羁旅各西东。
田园寥落干戈后，骨肉流离道路中。
吊影分为千里雁，辞根散作九秋蓬。
共看明月应垂泪，一夜乡心五处同。

By the Light of the Moon

Bai Juyi

Thinking of My Brothers and Sisters Scattered Here and There, I Write this Poem for Them by the Light of the Moon

Hard times with famine spread ruins in our home town;
My brothers go their way east or west, up and down.
Battles have left the fields and gardens desolate;
By roadside wander families wars separate.
Like far-off wild geese over lonely shadows we weep,
As scattered rootless tumbleweed in autumn deep.
We should shed yearning tears to view the moon apart;
Though in five places, we have the same homesick heart.

序：自从河南经历战乱，关内饥荒四起，民不聊生，我们兄弟也都各奔东西、流离失所，今晚月色特别好，让人百感交集，分外想念家人，索性写下所思所想，寄给在浮梁的大哥、在於潜的七哥、在乌江的十五哥，以及在符离、下邽的弟妹们。见书如面……

我们的祖业因为战乱和饥荒荡然无存，兄弟姐妹们为生计离散各处。

虽然等到了战火熄灭刀枪入库，但田园荒芜，百姓依然骨肉分离、奔波在逃难的路途。

形单影只的亲人如同天涯孤雁，漂泊无依的家人如同离根秋蓬。

今晚，月亮美得好像这世间从未发生过不幸的事，美得让远隔千里同看月亮的人都会忍不住泪落，这一夜的离愁乡思啊，在五个地方的五个人心里都一样深重。

唐代诗人白居易约作于唐德宗贞元十五年（799年）秋至贞元十六年（800年）春之间，抒发了战乱给家庭带来灾难的感慨，和怀念诸位兄弟姊妹的感伤情绪。全诗以白描的手法、平易的家常话语写就，真挚感人。

与浩初上人同看山寄京华亲故

柳宗元

海畔尖山似剑铓，秋来处处割愁肠。
若为化得身千亿，散上峰头望故乡。

Rocky Hills Viewed Together with Abbot Haochu

Liu Zongyuan

The seaside rocky hills look sharp like sword or dart;
They thrust out when autumn comes to cut and break my heart.
If I could be transformed into rocks, I would stand
Atop a thousand peaks to watch for my homeland.

秋日，携友登高望景。山顶四顾，海边群峰壁立，山尖如剑锋，似乎剑剑可断人思乡百转愁肠。

假若能有一种分身法，让我化出万千分身，每一个分身都站上一个峰顶，那么就能有万千双眼睛帮我遥望故乡了。

唐代诗人柳宗元作于柳州。柳宗元任柳州刺史时愁绪郁结，怀友思乡，作诗寄京华亲故，诉说自己迫切的归思，同时暗藏希冀，希望亲故能够知道他的心意，对他施以援手，助他早回故乡。此诗想象奇异，构思独特，有强烈的艺术感染力。

柳宗元（773—819 年），唐代文学家、哲学家，字子厚，河东解县（今山西运城西）人，世称“柳河东”。他与刘禹锡等参加主张改革的王叔文集团，任礼部员外郎，失败后被贬为永州司马，后迁柳州刺史，故又称“柳柳州”。与韩愈倡导古文运动，同被列入“唐宋八大家”，并称“韩柳”。著有《河东先生集》。

望夫词

施肩吾

手爇(ruò)寒灯向影频，回文机上暗生尘。

自家夫婿无消息，却恨桥头卖卜人。

Longing for Her Husband

Shi Jianwu

Often looking back to her shadow by cold lamplight,
She only sees the dusty loom drowned in dark night.
Having never received news from her husband dear,
She blames the fortune-teller to say he'd appear.

寒夜里，点灯作伴的女子，静静等待夫婿回家的敲门声。也许是风的脚步经过，也许是秋叶坠落，每一次惊喜的回头，她看见的都只是自己的形单影只。

自夫婿离家后，织布机很久没有用了，可以织璇玑图的机子上落满了厚厚的灰尘。等得天都亮了，夫婿还是没有如卦相所说的回来，只能恼恨那桥头算卦的人算错了吉日良辰。

唐代诗人施肩吾所作。描写了一位女子彻夜等待出征在外的夫婿回家的情景。全诗构思精巧，婉转别致。诗人是位道士，诗里却充满了浓浓的烟火气。

施肩吾，唐代诗人、道士，字希圣，自号栖真子，洪州（一说睦州）人。生卒年不详，生当9世纪，历宪宗、穆宗、敬宗、文宗诸朝，习《礼记》，有诗名，诗人张籍称他为“烟霞客”。元和十五年（820年）登进士第，长庆（821—824年）中，隐于洪州西山（在今江西南昌）学仙。著有《西山集》十卷、《闲居诗》百余首，《全唐文》收有《养生辨疑诀》（或作《辨疑论》）等，《全唐诗》也收入其诗作。

旅次朔方

刘皂

客舍并州已十霜，归心日夜忆咸阳。
无端更渡桑乾水，却望并州是故乡。

Farther North

Liu Zao

Ten long, long winters in northern town I did stay;
My heart cried out for my southern home night and day.
Now as I cross the river, farther north I roam;
My heart cries out for northern town as for my home.

看云看雨看霜看雪。在并州，一看就看过去了十年。每时每刻，日日夜夜，我都心心念念要回咸阳，归心似箭。

不知道是怎么回事，当我终于可以回咸阳，渡过桑干河后回头望去，恍惚间竟然觉得并州也是难舍的故乡，从此离愁换新址。

唐代诗人刘皂（一说贾岛）的诗作，写了诗人长期客居并州思念故乡，终于北渡桑干河回故乡时又舍不得并州的矛盾感受，以及对自身命运坎坷的无奈。全诗语言质朴，情感真挚，未用任何渲染之笔着意描写，却让人感同身受。

刘皂，唐代诗人，咸阳（今陕西咸阳）人。贞元间（785—805年）在世，身世无可考。《全唐诗》录存其诗五首。

示弟

李贺

别弟三年后，还家一日余。
醁(lù)醽(líng)今夕酒，缃(xiāng)帙(zhì)去时书。
病骨犹能在，人间底事无？
何须问牛马，抛掷任枭(xiāo)卢！

For My Younger Brother

Li He

I left three years ago;
Again I'm in my nooks.
Tonight green wine aglow,
I forget yellow books.
Ill, I survive at last.
What won't happen on earth?
Glad that the die is cast,
I'm free from care or mirth.

和弟弟分别了三年，回到家重聚刚一天多。

喝着今晚弟弟为我接风的醁醽美酒，想到经过了三年的颠沛流离，归家的行李里依旧只是离家时緗帙包着的书，不禁悲从中来。

再多想一想，虽然我一身病骨，但能活着回来，总还算是幸运的。这人间世事无常，什么样可怕的事不会发生？

万般事皆如“五木”在手，一掷了之，顺其自然，何必在意是“枭”是“卢”的得失输赢呢！

唐代诗人李贺所作。此诗前半部分描写的是作者仕途失意归来，其弟热情款待、作者悲喜交加的复杂情感，后半部分是作者抒发了愤世嫉俗的情怀。

正月崇让宅

李商隐

密锁重关掩绿苔，廊深阁迥此徘徊。

先知风起月含晕，尚自露寒花未开。

蝙拂帘旌终展转，鼠翻窗网小惊猜。

背灯独共余香语，不觉犹歌起夜来。

Our Old Abode—Elegy on My Deceased Wife

Li Shangyin

Doors locked, curtains drawn down, on the mossy ground,
In winding corridor alone I stroll around.
By lunar halo the rising wind is foretold.
How can the flowers bloom when drenched in dew cold?
I toss in bed when curtain's hit by a bat;
I am surprised to hear in the net squeak a rat.
Alone I talk with your shadow by the lamplight.
How can I help singing with you "Rising at Night"?

重重锁，道道门，关住了墙外来来去去的脚步和光阴，唯有青苔绵延，绿了小径，绿了庭院，绿了幽深寂寥的长廊深亭。

月亮微醺，是光在云上写了信，说风明天要来。夜露空等，花朵还没赶到堂前，春天还离得很远。

蝙蝠整夜在窗帘间飞蹿，吵得人辗转不能入眠。老鼠不停地进出窗网，吓得人忍不住胡想乱猜。

一个人背对灯光坐着，像是与亡妻对坐聊天，恍惚间好像听她又唱起了《起夜来》……

此诗为唐代诗人李商隐所作。唐文宗开成三年（838 年），李商隐到泾州（甘肃泾川县）入泾原节度使王茂元幕，王茂元爱才，把女儿嫁给了他。夫妻伉俪情深，但大中五年（851 年），王氏病故，诗人非常伤心。李商隐在大中十一年（857 年）正月又回到了洛阳崇让宅，看见曾经繁华喧闹的庭院一片荒凉，物是人非，更加想念亡妻，便作此诗以悼念。

第四章

魂牵×梦萦

CHAPTER FOUR

I think of you even in my dream,
It means to miss very much

闺情

李端

月落星稀天欲明，孤灯未灭梦难成。
披衣更向门前望，不忿朝来鹊喜声。

A Wife Longing for Her Husband

Li Duan

The stars are sparse when sinks the moon before daybreak;
The lonely lamplight not yet quenched, she lies awake.
Not dressed up, opening the door with longing eyes,
She complains of the false news announced by magpies.

眼看着月亮慢慢下了山，眼看着星星也提灯渐渐走远了，眼看着天就要亮了。一夜辗转难眠，灯孤零零地亮着，可是连梦都没等来一个。

忍不住披衣起身，一次次去门口张望，可恨早上那喜鹊明明在窗外叫了很久，却又只是给人添了空欢喜一场。

此诗是唐代诗人李端所作。诗人用清新朴实的语言，把一个闺中少妇急切盼望丈夫归来的情景，描写得含蓄动人，令读者读了之后，自然而然对她产生深厚的同情。这首诗的尾句格外有趣，充满生活气息。全诗语句轻简，含蓄隽永。

李端（约743—782年），字正己，唐代诗人。赵州（今河北省赵县）人，大历中进士，任秘书省校书郎，官至杭州司马。工于诗作，又长于弈棋，为“大历十才子”之一，后辞官归隐衡山。有《李端诗集》，喜作律体。

写情

李益

水纹珍簟diàn思悠悠，千里佳期一夕休。
从此无心爱良夜，任他明月下西楼。

A Date

Li Yi

On bamboo mat I long for you without a break,
Coming from afar, you don't keep the date you make.
From now on, I won't care for any lovely night;
In vain on the west tower may the moon shine bright.

躺在编织着水纹的竹席上，就如躺在一条思念的河流上，爱悠悠，恨悠悠。说好了要来，却彻夜踪影杳然。那么久的相思想念，一夜间都成了过眼云烟。

从此以后，再好的夜晚也不在乎了，良辰也好，美景也罢，都是虚设。从此以后，再好的月亮也随它下不下西楼了，反正我也不会再等人一起来看。

此诗为唐代诗人李益所作。描写主人公因喜欢的女子爽约不至而感到伤心、无奈的心情，尾句“任他”二字传神地描绘了主人公赌气、任性的个性。全诗语言简练，诗境含蓄深邃，在唐代众多描写男女情事的小诗中别具一格。

子夜吴歌

李白

长安一片月，万户捣衣声。
秋风吹不尽，总是玉关情。
何日平胡虏，良人罢远征！

Ballads of Four Seasons

LI Bai

Moonlight is spread all o'er the capital,
The sound of beating clothes far and near
Is brought by autumn wind which can't blow all
The longings away for far-off frontier.
When can we vanquish the barbarian foe
So that our men no longer into battle go?

秋天的月亮，像一封长信，穿越了千山万水，终于到了长安，被收悉拆阅。满城以捣衣声回信，只一句，寒衣将缝。

那秋风不停地吹啊，还是不能将家家户户的思念都送到玉门关。

就盼着什么时候能平定边关，夫君再不用出征远行。

此诗写的是思妇对出征战士的怀念。诗中秋月秋声与秋风浑然天成，勾勒出了一幅情深义重的月下妇女捣衣怀远图。

清平调（其一）

李白

云想衣裳花想容，春风拂槛露华浓。

若非群玉山头见，会向瑶台月下逢。

The Beautiful Lady Yang (*I*)

Li Bai

Her robe is made of cloud, her face of flower made,
Caressed by vernal breeze freshened by morning dew.
Charming as Fairy Queen in her Mountain of Jade,
Or Goddess of the Moon in her palace sky-blue.

就算是绚丽云霞，见了她，也羡慕得梦想拥有她的华美衣裳；就算是艳绝天下的花，见了她也恨不得能拥有她的容颜。春风也忍不住来探看，一次次吹拂她家的栏杆；露水也情不自禁地想呵护她，让她更动人明艳。

像她这样仙女一样的绝代佳人，如果不是在仙境群玉山的山头相见，那么就只能在西王母的瑶台的月亮下相逢了。

此诗为诗人在长安为翰林时，遵唐明皇令为杨贵妃而作。读这首诗，春风满纸，花光照眼。此诗想象巧妙，信手拈来，不露痕迹地把杨贵妃比作了仙女。

寄人

张泌

别梦依依到谢家，小廊回合曲阑斜。

多情只有春庭月，犹为离人照落花。

To my Love

Zhang Bi

When you were gone,in dreams I lingered you know where;
Our courtyard seemed the same with zigzag balustrade.
Only the sympathetic moon was shining there
O'er fallen petals melting like you into the shade.

春天适合做梦，总会在梦里一次次去你家。院子还是原来的样子，在小廊徘徊很久，又斜倚着曲栏站了很久。

那月亮照着春天的夜晚，特别亮，也特别凉；那月亮照着纷飞的落花，特别美，也特别悲。

据说诗人曾与一女子相爱，但未能如愿相守，多年后突然梦见，感慨万千，遂作此诗。以诗代柬，表明心迹，虽物是人非，但依恋如旧，真挚、浪漫、动人。

张泌，唐末五代诗人，字子澄。淮南（今江苏扬州）人，生卒年不详，南唐时初为句容县尉，后主征为监察御史，累官至中书舍人。随后主归宋，仍入史馆，迁虞部郎中，后归家毗陵（今江苏常州）。存词二十七首，《全唐诗》存其诗一卷。

古别离

孟郊

欲别牵郎衣，郎今到何处？
不恨归来迟，莫向临邛去。

Leave Me Not

Meng Jiao

I hold your robe lest you should go.
"Where are you going, dear, today?
Your late return brings me less woe
Than your heart being stolen away."

临出门的那一刻，又拉住了你的衣裳，哪怕是留住再多看一眼也好啊，忍不住问你这次要去哪里？

我不会因为你回来迟了怨你，就是希望你不要去临邛，听说那里的女子很多情……

此诗是唐代诗人孟郊创作的一首五言绝句。这首诗刻画一个女子送别情郎的场面，表现了她的挚爱和忧虑。全诗情真意切、质朴自然。

孟郊（751—814年）字东野，行十二，湖州武康（今浙江德清）人，郡望平昌（今山东安丘），故友人时称“平昌孟东野”。生性孤直，一生潦倒，诗名甚籍，尤长五古，愤世嫉俗，但情绪低沉，语多苦涩，苏轼将其与贾岛并称为“郊寒岛瘦”。

新嫁娘词三首（其三）

王建

三日入厨下，洗手作羹汤。
未谙姑食性，先遣小姑尝。

A Bride （*III*）

Wang Jian

Married three days, I go shy-faced
To cook a soup with hands still fair.
To meet my mother-in-law's taste,
I send to her daughter the first share.

新婚第三日，新媳妇终于入了夫家的厨房，细细洗净了手，第一次试着为新的家人做羹汤。

可是还不熟悉婆婆的口味，再好的手艺也有可能不合老人家的心意，那就做好了东西都先请小姑子帮忙尝一尝。

《新嫁娘词三首》是唐代诗人王建的组诗作品。这组诗写一位刚嫁入夫家的新娘的经历和感受，细致入微地展现出了唐代新嫁娘的生活。全诗写新嫁娘前三天的生活片段，每首诗各写一天。这首是其中的第三首诗，通过寥寥几笔，就把新娘子欲讨好婆婆，却又唯恐得罪婆婆这种进退两难的心境惟妙惟肖地展现出来，生活气息非常浓厚，历来广为传诵。

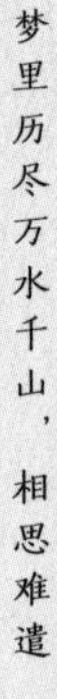

秋思赠远二首（其一）

王涯

当年只自守空帷，梦里关山觉别离。

不见乡书传雁足，唯看新月吐蛾眉。

Autumn Thoughts for My Wife (I)

Wang Ya

In bygone years alone in empty room did I stay
To dream of the mountains of homeland far away.
Seeing no wild geese bringing me your letter now,
I only find the new moon like your arching brow.

当年离别时就决定要独自守着空屋空帐，这些年只能在梦里历尽万水千山相见，才觉别离的真实和难耐。

多想在雁足上看见家信捎来，或报平安或说思念，可惜总是未遂。唯见新月出现，好像你的蛾眉一弯。

《秋思赠远二首》是唐代诗人王涯的组诗作品，此为第一首。诗人主要通过描写梦幻关山、对月怀人等情事来表现对妻子的思念。据说王涯夫妻情笃，这首诗很可能创作于唐穆宗朝作者任东川节度使期间。

王涯（764—835年），唐代诗人，字广津。太原（今属山西）人，贞元（785—805年）进士，为翰林学士。元和（806—820年）年间拜中书侍郎、同中书门下平章事。不久罢相，迁吏部侍郎，后出为剑南、东川节度使，文宗时复为相。甘露之变，为宦官仇士良族诛。《全唐诗》录其诗一卷。

秋思赠远二首（其二）

王涯

厌攀杨柳临清阁，闲采芙蕖傍碧潭。
走马台边人不见，拂云堆畔战初酣。

fú qú

Autumn Thoughts for My Wife (II)

Wang Ya

When tired of breaking willow branch before my bower,
I pluck at leisure by poolside the lotus flower.
I cannot find your face when I ride on my horse,
But hear the cloud echo war cries of combat force.

不喜欢临清阁外的折柳相送，闲时却又在碧潭边采摘荷花，终是相思难遣。

走马台边的闺房中不见了画眉的张敞，边关塞外多了正在鏖战的将士。

《秋思赠远二首》是唐代诗人王涯的组诗作品，此为第二首。诗人通过厌攀杨柳、闲采芙蕖，以及国事缠身无暇相思来反衬诗人对妻子一往情深的挚爱真情。

遣悲怀三首（其二）

元稹

昔日戏言身后意，今朝都到眼前来。
衣裳已施行看尽，针线犹存未忍开。
尚想旧情怜婢仆，也曾因梦送钱财。
诚知此恨人人有，贫贱夫妻百事哀。

To My Deceased Wife (II)

Yuan Zhen

"What if one of us should die?" we said for fun one day;
But now it has come true and passed before my eyes.
I can't bear to see your clothes and give them away;
I seal your embroidery lest it should draw my sighs.
Remembering your kindness, I'm kind to our maids;
Dreaming of your bounty, I give bounties as before.
I know there is no mortal but returns to the shades,
But a poor couple like us have more to deplore.

谁能想到昔日笑说身后事如何的戏言，如今都真实地兑现在了眼前。

你留下的那些衣裳已快施舍完了，珍藏了你的针线盒我留着做个念想，不过还没有勇气打开看看。

因为爱屋及乌我对你从前的旧仆也格外怜惜，也曾经因为梦见你在那边生活拮据，赶紧为你焚纸烧钱。

虽然知道夫妻永诀人人都会痛苦，可像你我这样贫贱中相依为命的夫妻，永诀后尤其万念俱灰，极度悲哀。

此诗为唐代诗人元稹所作，表达了妻子共贫贱而未能共富贵的遗憾，描写妻子死后的情景，以施舍旧衣、怜惜婢仆寄托深切的哀思。

遣悲怀三首（其三）

元稹

闲坐悲君亦自悲，百年都是几多时。
邓攸无子寻知命，潘岳悼亡犹费词。
同穴窅yǎo冥何所望，他生缘会更难期。
惟将终夜长开眼，报答平生未展眉。

To My Deceased Wife (*III*)

Yuan Zhen

Sitting idle, I grieve for myself as for you;
How many days are left for my declining years?
Another childless man fared better than I do;
Another widower lavished vain verse and tears.
Could I await a better fate than our same tomb?
Could you be born again and again be my wife?
With eyes unclosed all night long I'll lie in the gloom
To repay you for your unknit brows in your life.

一有空就会坐下来想你，为你悲伤也为自己难过，其实人生百年也没有多少时日。

邓攸那么善良却也终身无子，只能说是命运的安排。潘岳的悼亡诗写得再好，对故人而言也是白费了笔墨。

就算以后能夫妻同穴应该也无法互诉衷肠了，来生再做夫妻更是难以期望的幻想。

唯有整夜整夜地睁着眼想你，我想你，你就还在，以此报答你平日为我辛劳，为我焦虑，希望这样你会高兴。

元稹的《遣悲怀三首》，一个“悲”字，贯穿始终。悲情如波浪推进叠加，令人泪目。此诗写因妻子的早逝而慨叹人生的短暂，抒发没有穷尽的长恨和悲怀。全诗以浅近通俗的语言和娓娓动人的描绘，抒写缠绵哀痛的真情，是古代悼亡诗中的佳作。

离思五首（其四）

元稹

曾经沧海难为水，除却巫山不是云。
取次花丛懒回顾，半缘修道半缘君。

Thinking of My Dear Departed（IV）

Yuan Zhen

No water's wide enough when you have crossed the sea;
No cloud is beautiful but that which crowns the peak.
I pass by flowers which fail to attract poor me
Half for your sake and half for Taoism I seek.

曾经为苍茫无边的大海怦然心动过，在我眼里，别的水就都不算水了。曾经为巫山上的云彩魂牵梦萦过，在我心里，别的云彩就都不是云彩了。

现在的我，就算信步经过花丛，也懒得回头顾盼，毫无看一眼的念头了。也许是因为一心修道，也许是因为满心是你……

元稹的《离思五首》，都是为了追悼亡妻韦丛而作，写于唐宪宗元和四年（809年）。唐德宗贞元十八年（802年），韦丛二十岁时下嫁元稹，夫妻两情甚笃。七年后韦丛病逝。元稹有不少悼亡之作，《离思五首》是其中比较著名的一组诗，此诗又是最广为流传的一首。

诗人以沧海之水和巫山之云隐喻他们夫妻之间的感情深广和美好是世间无与伦比的。所谓世间最美好的爱情，大概就是这个样子吧。

酬张少府

王维

晚年惟好静，万事不关心。
自顾无长策，空知返旧林。
松风吹解带，山月照弹琴。
君问穷通理，渔歌入浦深。

For Subprefect Zhang

Wang wei

I love to be tranquil while old,
Of world affairs my mind carefree.
For long I've nothing to withhold,
I know but to lean on my tree.
My sleeves in wind caress the pine;
I play lute and let the moon peep.
As to rise and fall,rain or shine,
Hear fishing songs waft far and deep!

人到晚年，就喜欢清静，诵经修禅，琴棋书画。原本觉得天大的事也不再上心。

自念也没有什么良策可以报效国家了，不如返归旧林隐居。

在松林里御风而立，任风吹松腰带和心里的风云。对着山月抚琴，在琴案上给月光留席。

如果有人非要问我是如何想通了求仕和归隐的道理，那我只有唱着渔歌，羞地躲入河浦深处了。

一首赠友诗，全诗着意自述“好静”之志趣，写自己对归隐生活的快意，和超然物外的领悟。诗中写情多于写景，看似坚决的归隐山林之心隐含着作者对朝政的不满和失望。

赠别二首（其一）

杜牧

娉娉袅袅十三余，豆蔻梢头二月初。

春风十里扬州路，卷上珠帘总不如。

At Parting (I)

Du Mu

Not yet fourteen, she's fair and slender
Like early budding flower tender.
Though Yangzhou Road's beyond compare,
Pearly screen uprolled, none's so fair.

正是身姿如柳妙龄十三的好年华，又如二月枝头含苞欲放的一朵花。

随着那春风看遍了扬州城的十里繁华，那卷起的珠帘后的女子真的一个都比不上她。

此诗是杜牧在大和九年（835年），调任监察御史，离扬州赴长安时，与歌伎的分别之作。全诗说女子身姿曼妙、容颜秀丽。

赠别二首（其二）

杜牧

多情却似总无情，唯觉樽前笑不成。
蜡烛有心还惜别，替人垂泪到天明。

At Parting（*II*）

Du Mu

Deep, deep our love, too deep to show;
Deep, deep we drink, silent we grow.
The candle grieves to see us part,
It melts in tears with burnt-out heart.

相守时深情缱绻，告别时却似多漠然无情，只觉得举着酒樽努力想笑却笑不出声。

案上的蜡烛有心有情地依依惜别，它替无情的我们一直流泪到天亮。

此诗是杜牧在大和九年（835年）调任监察御史，离扬州赴长安时，与歌伎的分别之作。着重写了惜别之情。

悼伤后赴东蜀辟至散关遇雪

李商隐

剑外从军远，无家与寄衣。
散关三尺雪，回梦旧鸳机。

Dreaming of My Deceased Wife at Her Loom

Li Shangyin

I join the army far away.
Who'd send me warm clothes for cold day?
The mountain pass is clad in snow;
My dream of her loom brings me woe.

我要去很远很远的剑外任职了，听说那里很冷。你走后我就没有家了，你也再不能给我寄寒衣了。

大散关的雪下了足足有三尺厚，封了山也封了路。多高兴啊，居然梦见你又坐在织机前为我赶制御寒的新衣裳。如果梦一直不醒该多好啊。

唐宣宗大中五年（851年）夏秋之交，李商隐的妻子王氏突然病逝，他万分悲痛。这年冬天，他从军赴东川（治所梓州，今四川三台县）。此诗写的是作者在赴蜀任职途中遇上大雪，想念亡妻，悲从中来。

为有

李商隐

为有云屏无限娇，凤城寒尽怕春宵。
无端嫁得金龟婿，辜负香衾事早朝。

A Nobleman' s Wife

Li Shangyin

Behind the screen his wife is charming without peer,
But she's afraid the vernal night should be too short.
Why should she be wed to her noble lord so dear?
At early dawn he'd leave her pillow for the court.

因为有着云母屏风后娇嗔缱绻的美人，好不容易京城的冬夜漫长熬过去了，却又害怕起了春宵苦短。

她总抱怨说，无端端地嫁谁不好，偏偏嫁个佩戴金龟做官的丈夫，天天只知道赶着上早朝，白白辜负了红绡帐里暖枕香衾好时光……

此诗是唐代诗人李商隐的作品。此诗明写闺怨，将夫妻厮守之事与早朝对立起来，以无情写多情，以多情怨无情，心理刻画细致，妙趣横生。“为有”“无端”用词委婉却尽情，极富感染力。作者写此诗似乎还有言外之意、弦外之音。

无题四首（其一）

李商隐

来是空言去绝踪，月斜楼上五更钟。
梦为远别啼难唤，书被催成墨未浓。
蜡照半笼金翡翠，麝熏微度绣芙蓉。
刘郎已恨蓬山远，更隔蓬山一万重。

Unnamed （*I*）

Li Shangyin

You said you'd come but you have gone and left no trace;
I hear in the moonlit tower the fifth watch bell.
In dream my cry could not call you back from distant place;
In haste with ink unthickened I cannot write well.
The candlelight illuminates half our broidered bed;
The smell of musk still faintly sweetens lotus screen.
Beyond my reach the far-off fairy mountains spread;
But you're still farther off than fairy mountains green.

说好了要来，一去就再也不见了。我一直等啊等，等得月亮西斜，等得晓钟五更，等得天慢慢亮起来。

好不容易醒来，才知是梦，想不到梦里相见相别也是那么难。急忙写好了信，却发现墨磨得太淡，不知道信到你那里时字还在不在。

多想念，那时候，银色的烛光摇曳，半笼着织金饰翠的衾枕，你微笑的样子像花苞正好被春风轻轻吹开。多想念，那时候，麝香的香气弥漫，熏染着绣了芙蓉的帷帐，你说话的声音像小小的玉珠轻轻滚落在耳边。

那东汉的刘郎已恨蓬山仙境太遥不可及，可是我你之间几乎隔着一万个蓬山的距离……

《无题四首》是唐代诗人李商隐所作。此诗抒发了一位男子对相隔遥远的深爱的女子的思念之情。全诗围绕“梦”写尽了离别之恨，创造了疑梦疑真、亦梦亦真的艺术境界，有一种迷离恍惚的梦幻之美。

无题四首（其二）

李商隐

飒飒东风细雨来，芙蓉塘外有轻雷。
金蟾啮锁烧香入，玉虎牵丝汲井回。
贾氏窥帘韩掾少，宓妃留枕魏王才。
春心莫共花争发，一寸相思一寸灰。

Unnamed (*II*)

Li Shangyin

The rustling eastern wind came with a drizzle light,
And thunder faintly rolled beyond the lotus pool.
When doors were locked and incense burned,I came at night,
And went at dawn when windlass pulled up water cool.
You peeped at me first from behind a curtained bower;
I'm left at last but with the pillow of a dame.
Let my desire not bloom and vie with vernal flower!
For inch by inch my heart is consumed by the flame.

飒飒的东风将细雨吹上炊烟袅袅的瓦背，轻轻的雷声轻掠过莲花池边高高的庭院。

金蟾香炉扣紧锁纽，关不住炉内香气渐弥，玉虎辘轳转动井绳，再深的水也可以汲回。

贾氏帘后偷窥，一见倾心中意韩寿年少英俊，宓妃留赠玉枕，一往情深爱慕曹植文采斐然。

春心啊，别看着花好就争着萌发绽放，有一寸相思就会有一寸成为灰烬，寸寸都会。

《无题四首》是唐代诗人李商隐所作。这首是写一位深锁幽闺的女子爱情幻灭的绝望之情。“一寸相思一寸灰”为难得一遇的奇句，化抽象为具象，用强烈对照的方式显示了美好事物毁灭的决绝，使这首诗陡然有了一种动人心弦的悲剧美。

春怨

刘方平

纱窗日落渐黄昏，金屋无人见泪痕。
寂寞空庭春欲晚，梨花满地不开门。

Loneliness

Liu Fangping

Through window screen she sees twilight of parting day,
Alone in gilde droom,she wipes her tears away.
In lonely courtyard spring is growing desolate,
Pear-petals on the ground,she won'topen the gate.

就这样，纱窗前，傻等。等到夕阳不舍地翻过山去，天色渐暗；等到黄昏从容地席地而坐，鸟声四起。就算是住着金屋又如何？谁能懂我的伤心，谁能为我拭干泪痕？

空院，空屋，空桌，空椅，空衾空枕，而春色将尽。你不来，就算满树梨花一夜落尽，就算梨花和月光一起雪白着湮没了小院，我也不开门。

一首委婉动人的宫怨诗。金屋无人，庭院空寂，重门深掩，层层递进，刻画了春将尽红颜将逝的哀怨情怀。

春宫怨

杜荀鹤

早被婵娟误，欲妆临镜慵。
承恩不在貌，教妾若为容？
风暖鸟声碎，日高花影重。
年年越溪女，相忆采芙蓉。

A Palace Maid's Lament in Spring

Du Xunhe

By my own beauty long have I been wronged!
I tire when at the glass I deck my hair.
If fairness courts not royal glance,wherefore
Rouge my lips blooming,or shade my brows fair?
Warm breezess catter birds'songs to twitters,
In the tall sun,thick heap the floral shades.
Way south,the maidens yearly miss meyet
As they pick fu-rong in my native glades.

早年时因为花容月貌被选入宫，从此多少年青春虚度。如今已懒得涂抹脂粉地去争宠，每天对着铜镜懒得描眉梳头。

既然得皇帝宠爱不在于容颜如何，那我又何必费心梳妆呢？

春风暖暖地吹过来细细碎碎的鸟语花香，丽日高悬着照出一地重重叠叠的花影。

年年这时候我都会想起家乡的那些女子，好怀念从前和她们一起嬉笑着自由自在采莲花的情景。

此诗自叹身在深宫寂寞空虚之意。“风暖鸟声碎，日高花影重”两句是历来为世人推崇的名句，有“杜诗三百首，惟在一联中”之誉。此诗似不只是代宫女寄怨写恨，同时也是诗人自叹无人赏识的自况。

闺怨

王昌龄

闺中少妇不知愁，春日凝妆上翠楼。
忽见陌头杨柳色，悔教夫婿觅封侯。

Sorrow of a Young Bride in Her Boudoir

Wang Changling

The young bride in her boudoir does not know what grieves;
She mounts the tower,gaily dressed,on a spring day.
Suddenly seeing by roadside green willow leaves,
How she regrets her lord seeking fame far away!

春日里，久居深闺的少妇化了浓妆，兴冲冲地登上翠楼。春光如此明媚，每一树花开都如一席花宴。踏青的男女熙熙攘攘，欢欣赴宴。

忽然看见路边的杨柳新绿，惊觉时光飞逝，又是一年过去。早知如此，真不该让夫婿为了封侯从军在外，错过了夫妻厮守，错过了共赏春花秋月，错过了永不会回来的多少好光景。

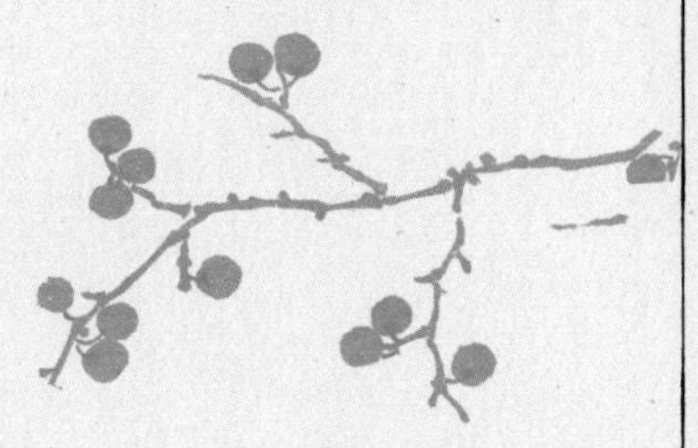

诗人以细腻含蓄的笔触描写了闺中少妇在某个春日的心绪变化。

第五章

星离×雨散

CHAPTER FIVE

The stars are leaving and the rain is scattering

(A metaphor for something that disappears quickly)

越中览古

李白

越王勾践破吴归，义士还家尽锦衣。

宫女如花满春殿，只今惟有鹧鸪飞。

The Ruined Capital of Yue

Li Bai

The King of Yue returned, having destroyed the foe;
His loyal men came home, with silken dress aglow.
His palace thronged with flower-like ladies fair;
Now we see but a flock of partridges flying there.

想当初，勾践灭了吴国后班师而归，战士们都是锦衣封官还家，到处都是意气风发的景象。

那时宫殿里到处是如花似玉的宫女且歌且舞，如今只有鹧鸪偶尔飞过断壁残垣，将这里的寂静荒凉惊醒。

此诗是李白在唐玄宗开元十四年（726年）游览越中（唐越州，治所在今浙江绍兴）时所作。作为一首怀古诗，所涉及的历史事件是春秋时期的吴越争霸。

禹庙

杜甫

禹庙空山里，秋风落日斜。
荒庭垂橘柚，古屋画龙蛇。
云气嘘青壁，江声走白沙。
早知乘四载，疏凿控三巴。

Temple of Emperor Yu

Du Fu

Your temple stands in empty hills,
The autumn breeze with sunset fills.
Oranges still hang in your courtyard;
Dragons on your old walls breathe hard.
Over green cliff float clouds in flight;
The river washes the sand white.
On water as on land you'd go
To dredge the streams and make them flow.

空一座山给禹庙，还有小跑着来的秋风和侧身回眸的落日。

荒凉的庭院里橘柚和鸟声压弯了枝条，旧屋的壁画上龙蛇栩栩如生。

缥缈的云雾缭绕着山崖峭壁，奔流的江涛推搡着岸边白沙。

早就听说大禹乘着四种交通工具到处疏道凿山治水的丰功伟绩，今日终于得到印证。

此诗当作于唐代宗永泰元年（765年）秋天。当时杜甫携家出蜀东下，途经忠州，特地前去参谒了大禹古庙，有感而作此诗。全诗语言凝练，意境深邃；写作章法严谨，整体气象宏丽，是咏史怀古的佳作。

八阵图

杜甫

功盖三分国，名成八阵图。
江流石不转，遗恨失吞吴。

The Stone Fortress

Du Fu

With his exploits history is crowned;
For the stone fortress he's renowned.
The river flows but stones still stand,
Though he'd not taken back lost land.

助蜀主与魏、吴三分天下、鼎足而立并创立八卦阵，让诸葛亮功成名就。

任凭江水六百年流转，八卦阵的石头依旧岿然不动。可惜统一大业未遂。这千古遗恨，都因为刘备失策想吞并吴国。

杜甫初到夔州时作的一首咏怀诸葛亮的诗，写于唐代宗大历元年（766年）。赞颂诸葛亮的丰功伟绩，也对大业未成表示惋惜。该诗既是怀古，又是抒怀，情中有情，言外有意，在绝句中别树一帜。

咏怀古迹五首（其二）

杜甫

摇落深知宋玉悲，风流儒雅亦吾师。
怅望千秋一洒泪，萧条异代不同时。
江山故宅空文藻，云雨荒台岂梦思。
最是楚宫俱泯灭，舟人指点到今疑。

The Poet Song Yu's Abode（II）

Du Fu

When leaves shiver and fall, I see the poet drear;
Gallant and elegant, he is my master dear.
Looking back a thousand springs, can I not shed tears?
Desolate for long, we are not of the same years.
His autumn song's left in his old home by the stream.
Did clouds bring showers for flowers in the king's dream?
Even the royal palace falls now in decay,
The boatman points to the ruins in doubt today.

草木摇落时，在宋玉故宅听着秋声萧瑟，才真的懂得了他的悲秋。他的学识风采那么出类拔萃，多么令人钦佩心动。

虽然相隔千年，追忆起来仍然忍不住怅然泪落。虽然身处不同的朝代，我们的身世经历多么相似。

到如今，唯见江山依旧、故宅犹存、纸上文章锦绣空留。到如今，又有几人能懂云雨荒台之说哪里仅仅是荒唐说梦。

最让人痛心的是，楚王的宫殿早已被岁月湮灭，路过的船夫还在指指点点将谬论当史实误传，引人胡乱猜疑。

《咏怀古迹五首》是咏古迹、怀古人进而感怀自己的作品，这是其中的第二首，是去了楚国著名辞赋作家宋玉故宅后所作。诗人怅望古迹，瞩目江山，吊宋玉，抒己怀；以千古知音写不遇之悲，体验深切；于精警议论见山光天色，艺术独到。

咏怀古迹五首（其五）

杜甫

诸葛大名垂宇宙，宗臣遗像肃清高。
三分割据纡筹策，万古云霄一羽毛。
伯仲之间见伊吕，指挥若定失萧曹。
运移汉祚终难复，志决身歼军务劳。

To the Prime Minister of Shu（*V*）

Du Fu

Your fame spreads far and wide, honored for long, long time:
Your noble image looks so solemn and sublime.
The world divided into three, Shu in the west;
You drove all clouds away with a plume on the crest.
You could rival all premiers of the olden day;
Beside you, all generals look pale and fade away.
But the kingdom at stake, you could not turn the tide;
Busy with your campaigns, with labor lost you died.

诸葛亮的大名恐怕全宇宙的人都知道吧，他的高风亮节让每一个听说的人都肃然起敬。

三足鼎立之势的确立全因了他的运筹帷幄，他智慧超绝仿佛飞翔于云霄之上的鸾凤，无人能及。

他的才华横溢和伊尹、吕尚难分高下，他的将帅之略萧何、曹参难敌。

可叹最终汉朝的气运已尽，一统天下的壮志未酬，他还为军务殚精竭虑，积劳成疾，性命枉送。

《咏怀古迹五首》是咏古迹、怀古人进而感怀自己的作品，这是其中的第五首。诗人对诸葛亮的智慧、品性深表景仰，也对他壮志未酬的人生表示了深切的同情，既是怀古，又是抒情。

蜀先主庙

刘禹锡

天地英雄气，千秋尚凛然。
势分三足鼎，业复五铢钱。
得相能开国，生儿不象贤。
凄凉蜀故妓，来舞魏宫前。

Temple of the King of Shu

Liu Yuxi

Your heroism under the sky
From year to year spread far and nigh.
Like tripod did three kingdoms reign;
Old royal coins were used again.
Your premier struck your kingdom's root;
But your son did not follow suit.
Even Western dancers felt sad
To make Northern conquerors glad.

先主刘备的英雄气概经天纬地，就算历经千秋万代依然令人称颂。

先主建蜀国成就三国鼎立之势，恢复五铢钱使用意欲复兴汉室。

先主慧眼识才得丞相诸葛亮开创了国基，可惜儿子无能守不住江山。

最凄惨的是当年蜀宫的歌伎，还得在魏宫为毫不知耻的刘禅歌舞。

蜀先主庙在夔州（治所在今重庆奉节县东）白帝山上。唐代诗人刘禹锡曾于821—824年间任夔州刺史，此诗当作于此时。此诗赞扬了刘备的功业，又慨叹蜀汉事业后继非人，总结了蜀汉亡国的历史教训。

西塞山怀古

刘禹锡

王濬楼船下益州，金陵王气黯然收。
千寻铁锁沉江底，一片降幡出石头。
人世几回伤往事，山形依旧枕寒流。
今逢四海为家日，故垒萧萧芦荻秋。

Mount Western Fort

Liu Yuxi

The Northern galleys went along the stream;
The Eastern kingdom vanished like a dream.
The iron chains could not bar the barges light;
The Eastern king surrendered with flags white
How many times have we grieved over the past!
Mountains commanding the river still last.
We're glad the world is unified today,
But the fort shivers to see the reed sway.

从王濬的战船自益州出发那一刻起，东吴金陵的王者之气就日渐式微了。

拦截晋船的千丈铁链刚沉入江底，拦不住的降旗就挂上了高高的石头城。

人世间多少让人伤感的往事在时间的河流里川流不息，唯有西塞山背靠着滚滚长江，巍然屹立。

繁华也好，离乱也罢，都过去了。在这四海成为一家的日子，旧时壁垒已成废墟，那萧瑟的芦花在风里飘摇无依，苍茫迷离。

这首诗是刘禹锡于唐穆宗长庆四年（824年）所作。是年，刘禹锡由夔州（治今重庆奉节）刺史调任和州（治今安徽和县）刺史，赴任的途中经西塞山，触景生情，抚今追昔，写下了这首感叹历史兴亡的诗。

途经秦始皇墓

许浑

龙盘虎踞树层层，势入浮云亦是崩。
一种青山秋草里，路人唯拜汉文陵。

Passing by the Tomb of the First Emperor of the Qin Dynasty

Xu Hun

The dragon coils and tiger crouches amid the trees;
The sky-scraping imperial tomb can't but fall down.
The hill's still green with grass when blows the autumn breeze,
But the passers-by worship only the new crown.

就算陵墓地势险峻，就算周围草木重重，就算陵墓气势雄伟高耸入云，也终会崩塌。

残暴的秦始皇嬴政和仁爱的汉文帝刘恒，两个多么不同的皇帝，他们的陵墓虽然建在同一片青山秋草里，路过的人却只会去祭拜汉文帝的霸陵。

此诗是唐代诗人许浑所作。通过对比手法来对历史人物加以抑扬，反映了作者对残暴的统治者的愤恨和对谦和仁爱的统治者的怀念。此诗字挟风雷，却出之以轻巧疏宕、唱叹有情的笔墨，有幽美的艺术魅力。

许浑（约791—约858年），润州丹阳（今江苏丹阳）人。大和年间（827—835年）进士，晚唐最具影响力的诗人之一，他的诗长于律体，咏史怀古诗成就突出。著有《丁卯集》。

金陵怀古

许浑

玉树歌残王气终，景阳兵合戍楼空。
松楸qiū远近千官冢，禾黍高低六代宫。
石燕拂云晴亦雨，江豚吹浪夜还风。
英雄一去豪华尽，惟有青山似洛中。

Memories of Jinling

Xu Hun

The kingdom collapsed after the Song of Jade Tree;
The garrison deserted when came the enemy.
Planted with pines, a thousand tombs spread far and nigh;
Buried amid the weed, palaces stand low and high.
The swallow of stone scrapes the white cloud, rain or shine;
The night breeze blows with waves raised by the river swine.
The splendor fades when heroes are gone one and all;
Only green hills look like the ancient capital.

眼看着创作《玉树后庭花》的陈后主和他的王朝一起在史册里谢幕，景阳宫里隋兵会集，边塞的瞭望楼杳无人迹。

眼看着远远近近芜杂的树木遮蔽着历代官吏荒凉的坟冢，高高低低纷乱的庄稼长满了历经六朝盛衰的宫廷。

眼看着那石燕穿云掠雨天气阴晴变幻莫测，眼看着那江豚兴风作浪昼夜风云诡谲。

终究是英雄一去不返繁华成空，唯有青山依旧，氤氲着和洛阳相似的青绿。

大约是大和八年（834 年）前后唐代诗人许浑中进士后游历江南时所作。金陵是孙吴、东晋和南朝宋、齐、梁、陈的六朝古都，隋唐以来，由于政治中心的转移，不再有六朝的金粉繁华。金陵的盛衰沧桑，成为许多后代诗人寄慨言志的话题，此诗也是。

金铜仙人辞汉歌

李贺

茂陵刘郎秋风客，夜闻马嘶晓无迹。
画栏桂树悬秋香，三十六宫土花碧。
魏官牵车指千里，东关酸风射眸子。
空将汉月出宫门，忆君清泪如铅水。
衰兰送客咸阳道，天若有情天亦老。
携盘独出月荒凉，渭城已远波声小。

The Bronze Statue Leaving Han Palace

Li He

The emperor was gone just like his autumn breeze;
At night his steed would neigh, at dawn no trace was seen.
By painted rails fragrance still wafts over laurel trees,
His thirty palaces overgrown with mosses green.
Wei eunuch drove a dray to go a long, long way;
In Eastern Pass the sour wind stung the bronze's eyes.
Only the moon of yore saw him leave palace door;
Thinking of his dear lord, he shed tears and heaved sighs.
Withered orchid would say, "Farewell and go your way."
Heaven would have grown old if it could feel as man.
He went with moon-shaped plate beneath the moon desolate;
The waves unheard, far from the town the horses ran.

如秋风里的过客，茂陵里的刘郎匆匆从人间经过。似乎昨夜还听到他的车马喧哗，天亮一点痕迹都看不到了。

画栏边的桂树花开依旧，让薄凉的秋天等到了如期的芬芳。长安城的三十六宫殿早已荒芜，阶上檐下都已苔痕郁郁。

魏国官员不辞驱车千里，一心要将长安的捧露盘仙人带到洛阳去。车子刚出长安城东门，寒风就吹迷了铜仙人的眼睛。

只有朝夕相处的汉月一路相送，陪着铜仙人最后走过伤心故地。回想起昔日君王和繁华盛景，就算是个铜人都泪下如雨。

只有枯萎的兰草在通向咸阳的古道上等着，默默送别铜仙人送别一切如烟往事。上天如果真的有情，也会因这世事兴衰而遽然老去。

孤独的铜仙人手捧铜盘渐渐远去，天地间月色荒凉如霜。眼见着那渭城越来越远，耳听着那渭水的涛声越来越轻……

《金铜仙人辞汉歌》是唐代诗人李贺因病辞职，由京师长安赴洛阳途中所作的一首诗。诗人借金铜仙人辞汉的史事，来抒发兴亡之感、家国之痛和身世之悲。此诗充满了浪漫主义色彩，是李贺的代表作品之一，其中“天若有情天亦老”一句，已成为传诵千古的名句。

题宣州开元寺水阁阁下宛溪夹溪居人

杜牧

六朝文物草连空，天澹云闲今古同。
鸟去鸟来山色里，人歌人哭水声中。
深秋帘幕千家雨，落日楼台一笛风。
惆怅无因见范蠡，参差烟树五湖东。

Ruined Splendor

Du Mu

Rank grasses grow, six dynasties' splendors no more;
The sky is lightly blue and clouds free as of yore.
Birds come and go into the gloom of wooded hills,
And songs and wails alike merge in murmuring rills.
Like countless window curtains falls late autumn rain:
High towers steeped in sunset, wind and flute's refrain.
O how I miss the lakeside sage of bygone days!
I see but ancient trees loom rugged in the haze.

六朝繁华如盛宴散去，荒草长没了史册裂帛的缝隙。唯有天光云影一如往昔。

小鸟翔集，在浅淡疏密的山间忽隐忽现如出没在一幅静谧的画里。百姓栖居，在绵延不绝的溪边悲欢离合如生息在一个安宁的传说里。

深秋给千家万户挂上了雨水的帘子，晚风给落日楼台送来微凉清冽的笛声。

可惜无缘见到功成身退、泛舟逍遥的范蠡，只能遥望太湖东面如烟如雾的树木以示敬意。

这首诗约写于开成三年（838年），当时杜牧任宣州团练判官。这首诗是他游开元寺，登水阁时触景伤情而作。诗人的情绪虽不高，但把风物写得很美，“鸟去鸟来山色里”“落日楼台一笛风”这样明丽的景象，让诗的节奏和语调陡然轻快，是个小惊喜。

题乌江亭

杜牧

胜败兵家事不期，包羞忍耻是男儿。
江东子弟多才俊，卷土重来未可知。

On the Black River Pavilion

Du Mu

A hero can't foretell victory or defeat.
Why should a loser not stand again on his feet?
There are so many talents on the Southern shore.
Who dare say, once defeated, he can't win the war?

胜败是兵家常事，难以预料很难期许。能忍辱负重的才是真正的男儿，要做到实在不是件容易的事。

那江东子弟中多的是才能出众的人，如果项羽失败了不自刎，而是采纳忠言、重返江东，再重整旗鼓，卷土重来，那么楚汉相争的输赢还真很难预料。

这首诗表达了诗人杜牧对项羽负气自刎的惋惜，主要的意思是批评他不善于把握机遇，不善于听取别人的建议，不善于得人、用人。

题木兰庙

杜牧

弯弓征战作男儿，梦里曾经与画眉。
几度思归还把酒，拂云堆上祝明妃。

Temple of the Heroine

Du Mu

She played the role of a man bending his bow,
But she dreamed of penciling her eyebrow.
How many times, homesick, wine cup in hand,
Would she bless the princess of her homeland?

虽然扮作戎装男儿，虽然奋勇弯弓征战，梦里依然还会贴花点唇画眉。

多少次想要回故乡，就带了酒去拂云堆，祭拜同为家国大业来到边塞的明妃聊以自慰。

这首唐代诗人杜牧的咏史绝句很有特色，一没有引用典故，二没有发表议论，而是通过对人物形象的生动刻画和细致的心理描写，塑造了一位光彩照人的巾帼英雄形象。

马嵬二首（其二）

李商隐

海外徒闻更九州，他生未卜此生休。
空闻虎旅传宵柝，无复鸡人报晓筹。
此日六军同驻马，当时七夕笑牵牛。
如何四纪为天子，不及卢家有莫愁。

On Lady Yang's Death (II)

Li Shangyin

Tis said there is a fairyland over the sea.
When this life is no more,can there another be?
In vain the watchman beat at night the warning gong;
No cock would wake her from dream with morning song.
The six armies demanded her death left and right.
Could she still laugh at severed lover-stars at night?
Though the emperor reigned as long as forty years,
She's not so happy as a griefless maid appears.

不过是徒然听说海外还有九州罢了，谁也不知道还有没有来生，但今生是真的已走到了尽头。

无奈地听着禁军在夜间击打刁斗，再不能如从前那样并头共枕倾听宫中人击筹报晓的声音了。

那一天六军齐约驻扎马嵬坡步步逼宫，从此天人永诀。当年七夕节还取笑织女牵牛相见只能一年一度，谁会想到自己会有这么一天呢。

为什么做了四十年皇帝的天子，居然不能护所爱周全，还不及普通人家的卢家夫妇，可以朝朝暮暮相守到白头。

此诗咏叹马嵬事变，是一首政治讽刺诗，以李隆基（唐玄宗）、杨玉环（杨贵妃）的故事为抒情对象，诗中隐含作者对唐玄宗的强烈批评之意。

苏武庙

温庭筠

苏武魂销汉使前，古祠高树两茫然。
云边雁断胡天月，陇上羊归塞草烟。
回日楼台非甲帐，去时冠剑是丁年。
茂陵不见封侯印，空向秋波哭逝川。

Temple of Su Wu

Wen Tingyun

How could Su Wu, before the envoi, not shed tears?
The ancient temple and tree bespeak bygone years.
Wild geese flew into clouds in moonlit Northern sky;
The sheep returned to west of frontier when grass grew high.
The palace looked unlike that of olden day;
Su was no longer strong as when he went away.
Ennobled when the emperor was in the grave,
He wept in vain over him gone with the autumn wave.

想那年，苏武突遇汉使，得知可以获释回国的喜讯，匈奴牧羊十九年终于结束，那样的悲欣交集笔墨难书。而今，苏武庙苍古肃穆，古祠高树都已经年代久远，已经很少有人了解苏武曾坚贞不屈，也很少有人知道苏武曾历经千辛万苦。

在匈奴那些日子，总要等到月亮升起，云边的大雁飞尽，暮色如烟，将荒草慢慢湮没，苏武才默默赶着羊群回去。

后来终于回到长安，去时的楼台依旧，汉武帝却已经不在，他也已不是当初出使时，加冠佩剑的壮年苏武。

可惜武帝已见不到苏武封侯受爵，他只能空对着秋水痛哭，哭昔日君臣再不能相见的遗恨，哭心里久郁、无人能懂、无人能诉的辛酸，和流水一般逝去、再也回不来的从前……

此诗是唐代诗人温庭筠瞻仰苏武庙时所作。苏武是历史上著名的坚持民族气节的英雄人物，汉武帝天汉元年（前100年）他出使匈奴，被扣留。匈奴多次逼降，他坚贞不屈，后被流放到北海牧羊，直至汉昭帝始元六年（前81年）才返回汉朝，前后长达十九年。诗人借此表达了对苏武的敬意。

温庭筠，唐代诗人、词人，本名岐，字飞卿，太原祁（今山西祁县东南）人。温庭筠富有天才，然恃才不羁，又好讥刺权贵，故屡举进士不第，长被贬抑，终生不得志。他精通音律，诗词兼工，诗与李商隐齐名，时称“温李”，在词史上与韦庄并称“温韦”。其词艺术成就在晚唐诸词人之上，为“花间派”首要词人，对词的发展影响较大。现存诗三百多首，词七十余首。后人辑有《温飞卿集笺注》等。

焚书坑

章碣

竹帛烟销帝业虚，关河空锁祖龙居。
坑灰未冷山东乱，刘项元来不读书。

The Pit Where Emperor Qin Burned the Classics

Zhang Jie

Smoke of burnt classics gone up with the empire's fall;
Fortresses and rivers could not guard the capital.
Before the pit turned cold, eastern rebellions spread,
The leaders of revolts were not scholars Well-read.

当燃烧竹帛的青烟慢慢散尽，帝王基业也气数将尽，就算函谷关和黄河守护着始皇帝的故居也无济于事。

焚书坑里的灰烬尚有余温，山东的暴乱就已经发生了，灭亡秦国的刘邦和项羽本来就不读书。

秦始皇统一六国以后，为了巩固他的统治地位，采取丞相李斯的建议，于始皇三十四年（前213年）烧毁图书（医药、卜筮、农作书籍除外），始皇三十五年（前212年）活埋儒生，力图使他的帝业延续下去。唐代诗人章碣可能到过烧毁图书的地方，耳闻目睹，有感而作。

章碣（836—905年），晚唐诗人，原籍桐庐（今浙江桐庐县），后迁居钱塘（今浙江杭州市）。以诗著名，然累试不第，后竟流落不知所终。诗工七律，并自创变体，为时人所效法，方干称赞其诗为："织锦虽云用旧机，抽梭起样更新奇。"《全唐诗》录其诗二十六首，编为一卷。

第六章

金戈×铁马

CHAPTER SIX

Wielding a golden sword; riding an iron horse

(A metaphor for war and military service)

从军行

杨炯

烽火照西京，心中自不平。
牙璋辞凤阙，铁骑绕龙城。
雪暗凋旗画，风多杂鼓声。
宁为百夫长，胜作一书生。

I Would Rather Fight

Yang Jiong

The beacon fires spread to the capital;
My agitated mind can't be calmed down.
By royal order to leave palace hall;
Our armored steeds besiege the Dragon Town.
Darkening snow damages our banners red;
With the howling wind mingle our drumbeats.
I'd rather fight at a hundred men's head
Than pore over books without performing feats.

边塞告急的烽火传到了长安，我的心里久久不能平静。

奉命出征的将帅刚离开皇宫，精锐的骑兵就出发包围了敌人的都城。

席卷的风雪褪去了旗帜的颜色，呼啸的风声里裹挟着战斗的鼓声。

做一个冲锋陷阵的军队里的百夫长，也胜过做一个只会舞文弄墨的书生。

此诗是唐代诗人杨炯所作。借用乐府旧题“从军行”，描写一个读书士子从军边塞、参加战斗的全过程。整首诗仅仅四十个字，既揭示出人物的心理活动，又渲染了环境气氛，笔力雄劲，读之如身临其境。

杨炯（650—约693年），唐代诗人，弘农华阴（今陕西华阴市）人。十岁举神童，待制弘文馆；二十七岁应制举及第，补校书郎。高宗永隆二年（681年）充崇文馆学士，迁太子詹事司直。他恃才傲物，因讥刺朝士的矫饰作风而遭人忌恨，武后时遭谗被贬为梓州司法参军。天授元年（690年）任教于洛阳宫中习艺馆，如意元年（692年）秋后出为婺州盈川县令，死于任所，故亦称“杨盈川”。杨炯与王勃、骆宾王、卢照邻齐名，世称“王杨卢骆”，为“初唐四杰”，工诗，擅长五律，其边塞诗较著名。明人辑有《盈川集》。

古从军行

李颀

白日登山望烽火，黄昏饮马傍交河。
行人刁斗风沙暗，公主琵琶幽怨多。
野营万里无城郭，雨雪纷纷连大漠。
胡雁哀鸣夜夜飞，胡儿眼泪双双落。
闻道玉门犹被遮，应将性命逐轻车。
年年战骨埋荒外，空见蒲萄入汉家。

An old War Song

Li Qi

We climb the hill by day to watch for beacon fires
And water horses by riverside when day expires.
We strike the gong in sand-darkened land where wind blows
And hear the pipa tell the princess' secret woes.
There is no town for miles and miles but tents in a row;
And the heavy sky joins the wide desert in snow.
It's the wild geese honking from night to night we hear;
And Tartar soldiers we see shedding tear on tear.
'Tis said we cannot go back through the jade-GatePass,
We'd risk our lives to follow-chariots,alas!
We bury the dead in the desert year on year
Only to bring back grapes from over the frontier.

白天时登山瞭望烽火，黄昏时到交河边饮马。

风沙弥漫的夜晚，耳边传来战士巡夜敲击刁斗的声音，和着如泣如诉的琵琶声。

军营附近旷野苍茫，看不到任何村庄城镇，纷纷的雨雪将大漠和边陲连在一起。

哀鸣的胡雁夜夜从天空中飞过，交战的胡人士兵止不住潸然泪下。

听说玉门关已被切断了归路，战士只能追随将军拼尽全力。

年年都有战死的人埋葬在这荒野，仅换得西域葡萄归种中原。

唐代诗人李颀的作品，它对唐玄宗的好大喜功、穷兵黩武、视人民生命如草芥，对万千尸骨埋于荒野，仅换得葡萄归种中原，供富贵者享用的荒唐行径加以讽刺。全诗记叙从军之苦，充满非战思想。

从军行七首（其四）

王昌龄

青海长云暗雪山，孤城遥望玉门关。
黄沙百战穿金甲，不破楼兰终不还。

Poems on Army Life（IV）

Wang Changling

Clouds on frontier overshadow mountains clad in snow;
A lonely town afar faces Pass of Jade Gate.
Our golden armor pierced by sand, we fight the foe;
We won't come back till we destroy the hostile State.

常常这样，看着青海湖上蒸腾的云雾慢慢遮住了连绵的雪山。人在孤城，只能久久遥望着千里之外的玉门关。

纵然日日黄沙漫漫，纵然身经百战铠甲已被磨穿，纵然再想家，不打败进犯的敌人也绝不回家乡。

盛唐时期，国力强盛，君主锐意进取、卫边拓土，人们渴望在这个时代崭露头角、有所作为。武将把一腔热血洒向沙场建功立业，诗人则为伟大的时代精神所感染，用他沉雄悲壮的豪情谱写了一曲曲雄浑磅礴、瑰丽壮美的诗篇。

《从军行七首》就是王昌龄采用乐府古题写的此类边塞诗。这第四首诗通过对塞外辽阔的战场景象和激烈征战生活的描写，抒发了誓死报国的壮烈情怀。

从军行七首（其五）

王昌龄

大漠风尘日色昏，红旗半卷出辕门。

前军夜战洮河北，已报生擒吐谷浑。

Poems on Army Life（V）

Wang Changling

The wind and sand in the desert have dimmed sunlight;
With red flags half unfurled we go through the camp gate.
North of River Tao, after nocturnal fight,
Our vanguards have captured the chief of hostile State.

大漠中风沙骤起，天色混沌未明，一队将士半卷着红旗出了营门。

此时前方传来捷报，说他们在洮河北岸激战了一宿，已经俘获了敌军首领。

这是王昌龄《从军行》系列诗中的第五首。本诗不是通过正面描写，而是通过细节，从侧面展开描写，表现戍边战士获悉夜战胜利的消息后的欣喜，彰显了唐代军事力量的强大，歌颂了精兵强将奋勇杀敌的逼人气势，同时又给人想象的空间，为边塞诗的力作。

出塞作

王维

居延城外猎天骄，白草连天野火烧。
暮云空碛qì时驱马，秋日平原好射雕。
护羌校尉朝乘障，破虏将军夜渡辽。
玉靶角弓珠勒马，汉家将赐霍嫖piáo姚yáo。

Out of the Frontier

Wang Wei

The proud Tartar sons are hunting out of the town;
White grass spreads to the sky, wild fire bums up and down.
They ride on the desert when evening clouds hang low;
In autumn days on the vast plain they bend their bow.
Our officers strengthen the defense by daylight;
Our victorious generals cross the river at night.
The swords, bows and bridles mounted with gems and jade
Are awarded generals and their brave cavalcade.

居延城外，白草茫茫，猎火熊熊，胡人正在原野上举行盛大的狩猎活动。

当暮云低垂，空旷无边的平原上猎马骁骁，风吹草低的秋天正是打猎的好时节。

护羌校尉凌晨登城守卫，防止敌人入侵；破虏将军夜渡辽河，奋力平定叛乱。

国之安宁、民之安生都来自将士的热血戍边和英勇御敌。那些镶玉的宝剑、饰角的弓和戴着珠勒口的马，才配得上赐给与霍去病一样勇猛的得胜将军。

开元二十五年（737年），河西节度副大使崔希逸在青海打了胜仗，王维以监察御史的身份，奉使出塞宣慰，这诗就写在此时。诗中赞颂唐军对吐蕃作战的胜利，表现了盛唐时期的国力强盛和诗人自豪、喜悦的心情。

关山月

李白

明月出天山，苍茫云海间。
长风几万里，吹度玉门关。
汉下白登道，胡窥青海湾。
由来征战地，不见有人还。
戍客望边色，思归多苦颜。
高楼当此夜，叹息未应闲。

The Moon over the Mountain Pass

Li Bai

From Heaven's Peak the moon rises bright,
Over a boundless sea of cloud.
Winds blow for miles with main and might
Past the Jade Gate which stands so proud.
Our warriors march down the frontier,
While Tartars peer across Blue Bays.
From the battlefield outstretched here,
None have come back since olden days.
Guards watch the scene of borderland,
Thinking of home with wistful eyes.
Tonight upstairs their wives would stand,
Looking afar with longing sighs.

一轮明月，从祁连山升起，在苍茫云海间缓缓穿行。

一阵风，吹过了几万里，又吹过了玉门关和守关将士的心。

出征匈奴的汉高祖曾被围困在这白登道，胡人一直觊觎着这青海湾之地。

这里从来都是征战之地，几乎见不到出征的战士能活着回去。

戍守的战士望着边城，默默思念家乡一脸悲戚。

遥想那高楼上眺望的家人，好像听得见他们思念远方亲人的深深叹息。

此诗为李白借乐府旧题创作，写远离家乡的戍边将士与家中妻室的相互思念之情，揭示了战争带给民众的深重痛苦。

塞下曲六首（其一）

李白

五月天山雪，无花祇有寒。
笛中闻折柳，春色未曾看。
晓战随金鼓，宵眠抱玉鞍。
愿将腰下剑，直为斩楼兰。

Frontier Song（I）

Li Bai

In summer sky-high mountains white with snow,
In bitter cold no fragrant flowers blow.
Songs on the flute are heard of Willows Green,
But nowhere is the vernal color seen.
From dawn till dusk to beats of drums they fight;
With saddle in their arms they rest at night.
From scabbard at my waist I'd draw my sword
To kill the chieftain of the Turki horde.

已是五月，天山依然下着大雪，春花未至，春寒无边。

只在《折杨柳》的笛声中感受过杨柳春风，可惜在这里从未见过这般春天模样。

将士们白天听着金鼓奋不顾身殊死战斗，夜晚抱着马鞍衣不解带半睡半醒。

唯愿这腰间的宝剑能够平定边疆，将士们可以早日班师回朝，去春风里沉醉，去春林里逍遥。

此诗是李白创作的一首五言律诗。通过对戍边将士生活的描写，反映了盛唐的精神风貌。全诗语言轻快，风格豪放飘逸，尤其是最后两句，气吞山河，具有极强的艺术感染力。

从军行

李白

百战沙场碎铁衣，城南已合数重围。
突营射杀呼延将，独领残兵千骑归。

Song of a General after the Break-through

Li Bai

After a hundred battles, his armor is worn,
The southern town surrounded ring on ring in the morn.
When he breaks through and kills the chief of Tartar peers,
He comes back with a thousand beaten cavaliers.

纵然身经百战铁甲都已经碎了，纵然城池南面被重重包围。

那又如何呢？！照样悍然突进敌方大营，射杀呼延大将，以一人之力率领残兵千骑胜利而归。

盛唐时期，武将把一腔热血洒向沙场建功立业，诗人则用他沉雄悲壮的豪情谱写雄浑磅礴又哀婉动人的诗篇。《从军行》以疏简传神的笔墨，描述了将士被困突围的英勇事迹，歌颂了浴血奋战、保家卫国的爱国主义精神。全诗从侧面也反映了作者欲报效国家、建功立业的愿望。

前出塞九首（其六）

杜甫

挽弓当挽强，用箭当用长。
射人先射马，擒贼先擒王。
杀人亦有限，列国自有疆。
苟能制侵陵，岂在多杀伤？

Song of the Frontier （*VI*）

Du Fu

The bow you carry should be strong;
The arrows you use should be long.
Shoot before a horseman, his horse;
Capture the chief to beat his force!
Slaughter shan't go beyond its sphere;
Each State should guard its own frontier
If an invasion is repelled,
Why shed more blood unless compelled?

挽弓就要挽最强的，射箭要射最长的。

想要射一个骑马的人要先射马，想要擒贼要先擒首领。

这样就能以最小限度的杀人，保卫各国的疆域。

只要能制止侵略就好了，何必非要多杀人呢？

天宝十一载（752年），四十岁的杜甫写的《前出塞》是一系列军事题材的诗歌。这个时期还是唐朝的生长期，是唐朝在军事上的扩张期，朝廷上上下下的预估大多是乐观的。杜甫却对唐玄宗的军事路线不太认同，他认为拥强兵只为守边，赴边不为杀伐。

夜上受降城闻笛

李益

回乐烽前沙似雪，受降城外月如霜。
不知何处吹芦管，一夜征人尽望乡。

On Hearing a Flute at Night atop the Victor' s Wall

Li Yi

Before the beacon tower sand looks white as snow;
Beyond the Victor's Wall like frost cold moonbeams flow.
None knows from where a flute blows a nostalgic song,
All warriors lie awake homesick the whole night long.

月夜，独自登上城楼。烽火台前，如雪白沙一望无垠；受降城外，遍地月光如霜绵延。

不知哪里突然传来了苍凉幽怨的芦笛声，戍边的将士都披衣而坐，向着故乡的方向彻夜遥望。

此诗为唐代诗人李益所作，从多角度描绘了戍边将士浓烈的乡思和满心的乡愁。

白雪歌送武判官归京

岑参

北风卷地白草折，胡天八月即飞雪。
忽如一夜春风来，千树万树梨花开。
散入珠帘湿罗幕，狐裘不暖锦衾薄。
将军角弓不得控，都护铁衣冷难着。
瀚海阑干百丈冰，愁云惨淡万里凝。
中军置酒饮归客，胡琴琵琶与羌笛。
纷纷暮雪下辕门，风掣红旗冻不翻。
轮台东门送君去，去时雪满天山路。
山回路转不见君，雪上空留马行处。

Song of White Snow in Farewell to Secretary Wu Going Back to the Capital

Cen Shen

Snapping the pallid grass, the northern wind whirls low;
In the eighth moon the Tartar sky is filled with snow.
As if the vernal breeze had come back overnight,
Adorning thousands of pear trees with blossoms white.
Flakes enter pearled blinds and wet the silken screen;
No furs of fox can warm us nor brocade quilts green.
The general cannot draw his rigid bow with ease;
E'en the commissioner in coat of mail would freeze.
A thousand feet o'er cracked wilderness ice piles,
And gloomy clouds hang sad and drear for miles and miles.
We drink in headquarters to our guest homeward bound;
With Tartar lutes, pipas and pipes the camps resound.
Snow in huge flakes at dusk falls heavy on camp gate;
The frozen red flag in the wind won't undulate.
At eastern gate of Wheel Tower we bid goodbye
On the snow-covered road to Heaven's Mountain high.
I watch his horse go past a bend and, lost to sight,
His track will soon be buried up by snow in flight.

北风席卷大地，转眼间就搬走了旷野上苍茫无垠的白草。刚入八月，塞北就大雪纷飞了。

如同一夜之间忽然春风来了，千万棵梨树哗啦一下就捧出了整个花团锦簇的春天。

那漫天飞舞的雪花穿过珠帘，融化在军营的帐幕上。就算穿上了狐裘也不够暖，再盖上锦被也还是觉得冷。

戍边的将士们冻得弓都快拉不开了，镇守边塞的守卫们冻得铠甲也很难穿上去。

浩瀚的沙漠上结了厚厚的冰，暗淡的云层拉低了天地的距离。

主帅在帐内设宴斟酒为即将归去的人饯行，难得寻了胡琴琵琶和羌笛一起合奏助兴。

那纷纷扬扬的雪下白了辕门外的黄昏，再大的风都吹不动旗杆上被冻住了的红旗。

在轮台东门外与你挥手告别，你转身离开时大雪落满了天山。

峰回路转，很快看不见你的身影了，雪地上的马蹄痕也越来越淡……

此诗为唐朝诗人岑参的边塞诗的代表作。岑参于唐玄宗天宝十三载（754 年）夏秋之交到北庭，唐肃宗至德二载（757 年）春夏之交东归，此诗应该作于此期。诗人以敏锐的观察力和浪漫奔放的笔调，描绘了祖国西北边塞的壮丽景色，以及边塞军营送别归京使臣的热烈场面，表现了诗人和边防将士的爱国热情和战友间的真挚感情。

凉州馆中与诸判官夜集

岑参

弯弯月出挂城头，城头月出照凉州。
凉州七里十万家，胡人半解弹琵琶。
琵琶一曲肠堪断，风萧萧兮夜漫漫。
河西幕中多故人，故人别来三五春。
花门楼前见秋草，岂能贫贱相看老。
一生大笑能几回，斗酒相逢须醉倒。

Drinking with Friends at Night in Liangzhou

Cen Shen

The crescent moon rises and hangs on city wall;
The rising moon on city wall shines over all.
There're a thousand homes in seven districts on frontier;
Half of the Tartars play pipa for us to hear.
The heart would be broken to hear the pipa song,
When the wind sheds leaves in showers and night is long.
West of the River I have so many compeers;
Many friends are separated from me for many years.
Before the flowery gate we see autumn grass.
Could we bear to see friends grow old like it? Alas!
How many times can we laugh in a life so fleet?
So let us drink our fill till drunken, now we meet!

一弯新月，如一幅刚完成的剪纸，薄薄地挂在凉州城头的夜空。

月上中天，宛如谁在高处提灯夜巡，一寸寸看亮了整个烟火凉州。

七里方圆，十万人家，街巷里常常飘忽着琵琶声。这城里的半数胡人都喜欢以弹奏琵琶倾诉心声。

忽然传来一支忧伤得让人肝肠寸断的琵琶曲，就着凉薄的月色听，只觉得夜怎么那么漫长，风声怎么那么凄凉。

这里的河西幕府中有我许多老朋友，曾经常在一起醉酒欢歌，不过我们已经有三五年没见了。

如今重逢，花门楼前已是秋草渐黄。岁月催人，我们怎能互相眼睁睁看着彼此在贫贱中老去呢？

人生一世，我们这样的相聚、这样的欢笑，能有几回呢？今夜必须一起开怀痛饮，不醉不停……

此诗是唐代诗人岑参的作品。写了作者赴北庭途经凉州在河西节度府做客，与老朋友欢聚宴饮的景况，同时写到了凉州的边境风光及民俗风情。

和张仆射塞下曲六首（其三）

卢纶

月黑雁飞高，单于夜遁逃。

欲将轻骑逐，大雪满弓刀。

Border Songs （*III*）

Lu Lun

Wild geese fly high in moonless night;
The Tartars through the dark take flight.
Our horsemen chase them, armed with bow
And sword covered with heavy snow.

夜太黑，不见一点光。被困的单于趁着夜色逃跑，惊起雁声一片。

正要率轻骑去追，突然大雪纷纷扬扬飘下，瞬间落满了将士的弓箭和刀鞘。大雪湮没了夜色，也湮没了所有的路和方向……

《和张仆射塞下曲六首》是唐代诗人卢纶所写。通过写将军发令出征、夜巡射虎、雪夜慑敌、奏凯庆功、宴舞狩猎等场面，表现了边塞真实生动的军旅生活，将边关将士英勇善战、豪情满怀的磅礴气势描绘得活灵活现，跃然纸上。全组诗既是一个整体，而每一首又都能独立成章，内容丰满，寓意隽永。此诗是其中一首。

卢纶（约739—799年），字允言，河中蒲县（今山西蒲县）人，祖籍范阳涿县（今河北涿州），是北魏济州刺史、光禄大夫卢尚之的后人，唐代诗人，大历十才子之一。著有《卢户部诗集》。

牧童

吕岩

草铺横野六七里，笛弄晚风三四声。
归来饱饭黄昏后，不脱蓑衣卧月明。

A Cowherd's Song

Lv Yan

Grass overgrows for miles and miles across the plain;
I play on flute in evening breeze thrice and again.
Come back, I eat my fill at the fall of the night,
Without doffing my straw cloak, I lie in moonlight.

草色葱茏。小草一使劲，就在原野上铺出去无边无际的绿。

笛声挽着晚风，踮脚慢慢飞过草地，飞过庄稼地，草木皆兵，笛声如令。

已是黄昏。回家的牧童，三口两口就吃饱了饭，连蓑衣都顾不上脱，就躺下了，天幕为帐，草地为床，晒月亮，听虫鸣……

本诗是一幅鲜活的牧童晚归休憩图，写出了农家田园牧歌似的生活。绿草、笛声、牧童、蓑衣和明月，有声有色，恬淡动人。

吕岩，一名岩客，字洞宾，唐末、五代著名道士，号纯阳子，自称回道人。为民间神话故事八仙之一。吕洞宾本儒生，因科场不利，而转学道，隐居终南山，活动于关中等地。《全唐诗》录存其诗四卷。

古风·其二十四

李白

大车扬飞尘，亭午暗阡陌。
中贵多黄金，连云开甲宅。
路逢斗鸡者，冠盖何辉赫。
鼻息干虹蜺，行人皆怵惕(chù tì)。
世无洗耳翁，谁知尧与跖。

Eunuchs and Cock–fighters（*XXIV*）

Li Bai

The dust which eunuchs' carriages raise
Darkens at noon the public ways.
Of their gold the eunuchs are proud;
Their mansions rise to scrape the cloud
I meet those who can make cocks fight,
With caps and cabs, so fair and bright.
Into rainbows they blow their breath,
Passers-by are frightened to death.
There is no connoisseur in this age.
Who can tell a thief from a sage?

正午时分，华丽的大车经过，它扬起的漫天飞尘，将田间小径都淹没了。

车里的那些宦官家财万贯，他们的豪宅高耸入云。

路上又遇到一群斗鸡的人，他们锦衣盛饰多么华丽。

他们飞扬跋扈的骄横，没有一个行人不惶恐，唯恐避之不及。

世间已没有像许由那样不慕名利不喜江山帝位的洗耳翁了，谁还能分辨出哪个是尧那样圣明的君主，哪个是像盗跖那样的盗贼首领呢。

开元十八年（730 年）春夏，李白初入长安，开始了他的求仕生涯。而此时的大唐，唐玄宗宠信宦官，又酷爱斗鸡，致使朝廷沦入不可遏制的衰颓与腐败。作者根据自己的见闻，刻画了宦官的显赫和斗鸡徒的骄横形象，从而对唐玄宗的腐朽政治进行了揭露和谴责。

乌栖曲

李白

姑苏台上乌栖时，吴王宫里醉西施。
吴歌楚舞欢未毕，青山欲衔半边日。
银箭金壶漏水多，起看秋月坠江波，
东方渐高①hào奈乐何！

Crows Going Back to Their Nest—Satire on the King of Wu

Li Bai

O'er Royal Terrace when crows flew back to their nest,
The king in Royal Palace feast'd his mistress drunk.
The Southern maidens sang and danced without a rest
Till beak-like mountain-peaks would peck the sun half sunk.
The golden clepsydra could not stop water's flow,
O'er river waves the autumn moon was hanging low.
But wouldn't the king enjoy his fill in Eastern glow?

暮色微合，寒鸦归栖山林时分。姑苏台上，春宵宫里，美人西施已醉态朦胧。

轻歌曼舞正酣，吴王的兴致正浓，夕阳已不知不觉半隐入山中。

时间过得真快，金壶里的漏水越来越多，银箭的刻度随之越来越高，秋月慢慢坠入江面，眼看天就要亮了。但那又怎么样呢，春宵宫里的酣歌醉舞夜以继日不停歇……

此诗是李白于开元十九年（731 年）在吴越一带漫游时怀古有感所作，这里是当年吴王夫差与美女西施夜夜笙歌的地方。此诗表面上写吴王，实际上讽刺唐玄宗。

①高通“皓”，白色。

咏史

戎昱

汉家青史上，计拙是和亲。
社稷依明主，安危托妇人。
岂能将玉貌，便拟静胡尘。
地下千年骨，谁为辅佐臣。

On Appeasement by Marriage

Rong Yu

The kings in history sank so low
As to appease by marriage the foe.
To rule is a sovereign's duty.
Can safety depend on a beauty?
Could a face beautiful as jade
Repel the Tartars who invade?
Why were no loyal generals found
Among bones buried underground?

翻开汉家的史书，最拙劣不堪的计策就是和亲。

国家社稷的安定和平要依靠贤明的君主，而不是托付给弱小的女人。

怎么能指望利用女子的美貌，去平息胡人的野心和与胡人的战争。

地下埋着的那些千年以来的所谓忠骨，到底谁是真正有功的辅佐之臣呢？

此诗是唐代诗人戎昱所作。诗意浅显直露，议论正直阔大，意气风发激昂，揭露了和亲政策的懦弱，指责了朝廷的无能。

戎昱（744—800年），荆南（今湖北江陵县）人。他能言善辩，风度翩翩，唐代宗大历初任荆南节度观察使卫伯玉幕府从事，后又在湖南、桂林等地任幕宾。德宗建中年间曾在长安任监察御史一类的官，因事贬辰州刺史，贞元间任虔州刺史。他的诗反映现实，同情人民疾苦。《全唐诗》存其诗一百二十六首。明人辑有《戎昱集》。

元和十年自朗州承召至京戏赠看花诸君子

刘禹锡

紫陌红尘拂面来，无人不道看花回。

玄都观(guàn)里桃千树，尽是刘郎去后栽。

The Flower–admirers

Liu Yuxi

Dust raised by cabs on grassy lane caresses my face;
No flower-admirers but follow the cabs' trace.
Thousands of peach trees in the Taoist temple's place
Are all planted after I fell into disgrace.

草木葱茏，是个春天。京城的路上车马喧嚣，扬尘扑面。那些华服锦饰来来去去的人都说是去玄都观看了桃花回来。

都说那里的桃花繁美，我却从没见过。那玄都观里的千余棵桃树，都是我被贬离京城后栽下的吧。果然是朝夕世事变幻，果然是今昔风景不同……

此诗通过人们在长安一座道士观——玄都观中看花这样一件生活琐事，讽刺了当时的朝廷新贵。由于这首诗刺痛了当权者，诗人和柳宗元等再度被派为远州刺史。官是升了，政治环境却无改善。

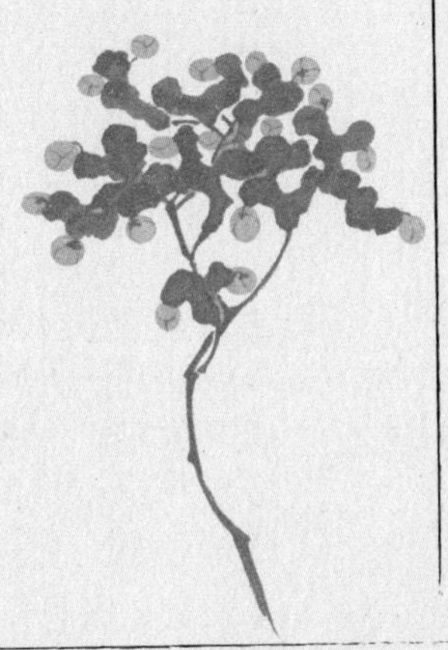

卖炭翁

白居易

卖炭翁，伐薪烧炭南山中。
满面尘灰烟火色，两鬓苍苍十指黑。
卖炭得钱何所营？身上衣裳口中食。
可怜身上衣正单，心忧炭贱愿天寒。
夜来城外一尺雪，晓驾炭车辗niǎn冰辙zhé。
牛困人饥日已高，市南门外泥中歇。
翩翩两骑来是谁？黄衣使者白衫儿。
手把文书口称敕chì，回车叱牛牵向北。
一车炭，千余斤，宫使驱将惜不得。
半匹红纱一丈绫，系jì向牛头充炭直。

The Old Charcoal Seller

Bai Juyi

What does the old man fare?
He cuts the wood in southern hill and fires his ware.
His face is grimed with smoke and streaked with ash and dust,
His temples grizzled and his fingers all turned black.
The money earned by selling charcoal is not just
Enough for food for his mouth and clothing for his back.
Though his coat is thin, he hopes winter will set in,
For cold weather will keep up the charcoals good price.
At night a foot of snow falls outside city walls;
At dawn his charcoal cart crushes ruts in the ice.
The sun is high, the ox tired out and hungry he;
Outside the southern gate in snow and slush they rest.
Two riders canter up. Alas! Who can they be?
Two palace heralds in the yellow jackets dressed.
Decree in hand, which is imperial order, one says;
They turn the cart about and at the ox they shout.
A cartload of charcoal a thousand catties weighs;
They drive the cart away. What dare the old man say?
Ten feet of silk and twenty feet of gauze deep red,
That is the payment they fasten to the ox's head.

听说有位卖炭的老人，终日终年在南山深处砍柴烧炭。

他脸上烟熏火燎的痕迹，他两鬓的斑白和十指的黑色，他辨不出颜色的破旧衣裳，让蹲在炭边的他也像一块炭一样沧桑。

就等着卖炭换了钱，好去买过冬的棉袄和饱肚的粮食。

虽然衣衫单薄冻得瑟瑟发抖，为了炭能卖个好价钱，心里还希望天气再冷一些。

好不容易等到了昨晚城外下了一尺厚的雪，老人一大早就满怀希望，驾着炭车碾冰轧雪地进城了。

终于赶到了市集，牛累得不肯多挪一步了，人也饿得心发慌，太阳已经高挂在天上。老人就和牛一起在市集南门外的泥泞中歇会儿。

雪白的长街，黢黑的炭车。突然过来两个人，趾高气扬地骑在马上。原来是皇宫里当差的太监和他的手下。

他们举着手里的文书说是奉了皇帝的旨意，不由分说地吆喝牛，将炭车拉向皇宫。

这一车炭，足有一千多斤，老人要砍多少柴，才能烧成这些炭啊！宫里的人不管不顾地就要强行夺走，卖炭的老人舍不得地追着牛车苦苦哀求。

那些人不耐烦地在牛头上挂了半匹红纱一丈绫，就当给了炭钱了。

此诗是唐代诗人白居易创作的组诗《新乐府五十首》中的第三十二首诗。通过描写卖炭翁的遭遇，深刻地揭露了“宫市”的腐败本质，对统治者掠夺人民的罪行给予了抨击和讽刺，表达了作者对下层劳动人民的深切同情。全诗描写具体生动，绘声绘色，结尾戛然而止，含蓄有力，引人深思。

过华清宫绝句三首（其一）

杜牧

长安回望绣成堆，山顶千门次第开。

一骑红尘妃子笑，无人知是荔枝来。

The Spring Palace （I）

Du Mu

Viewed from afar, the hill's paved with brocade in piles;
The palace doors on hilltops opened one by one.
A steed which raised red dust won the fair mistress' smiles.
How many steeds which brought her fruit died on the run!

在长安，回头望，骊山草木葱茏处处锦绣，簇拥着山顶上精美绝伦的华清宫。

当千重宫门依次徐徐打开，骑着驿马的使者带着身后滚滚的风尘，如一骑闪电飞过。

没有人知道他千辛万苦赶来，只是为了博妃子一笑，也没人知道他马不停蹄、八百里加急的奔波，只是为了把妃子爱吃的荔枝尽快送到。

《过华清宫绝句三首》是唐代文学家杜牧的组诗作品。这三首诗借古讽今，选取了唐玄宗不惜劳民伤财为杨贵妃供应荔枝、唐玄宗轻信谎言而长期醉生梦死、安禄山为唐玄宗和杨贵妃作胡旋舞等典型事件、场景，加以艺术描述，表达了诗人对最高统治者穷奢极欲、荒淫误国的无比愤慨之情。全诗含蓄委婉，意味悠长。

过华清宫绝句三首（其二）

杜牧

新丰绿树起黄埃，数骑渔阳探使回。
霓裳一曲千峰上，舞破中原始下来。

The Spring Palace （II）

Du Mu

Yellow dust raised by the steeds veiled trees like a screen;
The messenger deceived came to deceive the crown.
The Song of Rainbow Cloak over a thousand peaks green
Would not stop till the Central Plain was broken down.